# 曾美霞現代詩研析

陳 福 成 著

華文現代詩點將錄
文史哲出版社印行

國家圖書館出版品預行編目資料

曾美霞現代詩研析 / 陳福成著. -- 初版 --
臺北市：文史哲，民 107. 08
頁： 公分.（華文現代詩點將錄；6）
ISBN 978-986-314-426-7 (平裝)

1.曾美霞 2.新詩 3.詩評

851.486 107012926

華文現代詩點將錄 6

# 曾美霞現代詩研析

著 者：陳 福 成
出版者：文 史 哲 出 版 社
http:// www.lapen.com.tw
e-mail：lapen@ms74.hinet.net
登記證字號：行政院新聞局版臺業字五三三七號
發行人：彭 正 雄
發行所：文 史 哲 出 版 社
印刷者：文 史 哲 出 版 社
臺北市羅斯福路一段七十二巷四號
郵政劃撥帳號：一六一八〇一七五
電話886-2-23511028 · 傳真886-2-23965656

實價新臺幣三六〇元

二〇一八年（民一〇七）八月初版



ISBN 978-986-314-426-7 86106

# 自　序：關於曾美霞現代詩賞讀

《華文現代詩》點將錄，在我苦幹實幹下，已先後完成鄭雅文、莫渝、許其正、林錫嘉，現在完成曾美霞是第五本，算是過了半數，自己也感覺到有些成就感。我說「成就」感，並非寫出什麼經典！而是我善用時間，應酬減到最少，過一種「極簡生活」，自然有時間寫作。

「五四文藝節」在三軍軍官俱樂部碰到彭正雄、林錫嘉二位兄長，聊起了我為何可以寫這麼多東西（著作），我說從少年、青年、中壯到現在滿六十五歲，這漫長旅程中，我沒有學到其他消磨時間的方法。例如，大家開玩笑說的「吃喝嫖賭跳舞」，這些我全不知不會不碰，唯一會打發時間的方法，只有寫作、寫作、寫作、寫作！

除了事前的準備功課、計畫、構思時間外，曾美霞現代詩研究十四章，約一個多月寫完。對她的研究，當然包含她的小說，不論詩或小說，她確實是對現代社會兩性互動關係，有深刻、敏銳的觀察，才成為這類題材的創作高手，在我們同仁圈裡又出現一個獨一無二的特色詩寫。

華文現代詩社同仁、台北公館蟾蜍山萬盛草堂

主人　陳福成　誌於二〇一七年五月中旬

《華文現代詩》點將錄

# 曾美霞現代詩研析　目次

## 5 照 片

曾美霞（前左）與華文現代詩同仁

左起：曾美霞、鄭雅文、林錫嘉、彭正雄

9 27 '99

# 第一章　關於曾美霞與其文學之路

作家曾美霞小姐基本背景資料及文學著作，在《二〇〇七台灣作家作品目錄》（中冊）有略為介紹。（註①）該書亦簡說其作品風格，初略一窺，她以小說為主，散文和詩的作品量次之。

曾美霞，筆名大來、方寸，籍貫台灣省雲林縣，一九五〇年二月二十一日生於高雄。台北師範學院畢業，台北市教育大學應用語文所碩士。曾任小學教師，現為中國文藝協會秘書長、中華民國新詩學會理事、華文現代詩刊副總編輯。

美霞姊創作文類有小說、散文和詩三大領域。綠蒂認為其詩展露了「她溫婉誠摯的個性，常在其作品中自然流露出一種特有的風格，一種美麗而婉約的心情，隱約含蓄於作品之中。」而其散文與小說，則能與日常生活中的點點滴滴作為題材，指出人際關係及家庭生活中矛盾衝突的癥結所在，並提出折衷可行的因應之道。

小說有《曾美霞短篇小說集》，一九八五年七月由江山出版社（台北）出版；一九九一年七月易名《出軌》，由協城出版社（台北）出版。《消失的紫：曾美霞短篇小說集之二》，二〇一六年九月，由文史哲出版社（台北）出版，各短篇曾在《新生副刊》、《中華時報副刊》、《台灣立報、文藝會萃》先發表過。

《翩翩飛翔》是長篇小說，一九九一年七月，由協城出版社出版。

散文《嫻雅集》（出版資料不詳）。《波女與息女》（曾美霞小品集），一九九一年七月，由協城出版社出版。

《山動了》（陳春玉圖）是曾美霞至今唯一出版的詩集，一九九二年八月協城出版；一九九四年八月由中國詩刊社出版中英對照本。至二〇〇三年十一月，由文史哲出版社出版增訂版。

另有《紅娘》系列電視劇本也曾夯極一時，初略一覽這位女作家之創作重點，她應該是「走對路」了，她走的是「現代文學之正宗」。蘇雪林在《新文學研究》提到，有人說現代是「小說的世紀」，這就說小說是現代文學正宗的意思，新文學初以新詩和短篇小說較多，小說則有越來越普遍化的現象。（註②）觀察台灣地區的文學發展概況，似乎確實如是。按《二〇一四台灣文學年鑑》〈創作與研究綜述〉一文，小說出版以一百四十四部稱「小說盛事」，新詩發展則「平隱而低調」，散文二千多篇稱「發展宛如無遠弗界。（註③）文學發展應仍大有可為，但常聽人說，現代年輕人不看書、不看文學作品，乃至很多詩人不讀別人的詩，只讀自己的詩。真相如何或多嚴重！不得而知，非本文論說範圍。

筆者研究重點，主要是曾美霞的現代詩，來源有三：《山動了》詩集、《華文現代詩》創刊以來發表的作品，以及《秋水詩刊》第一六四到一七〇期。從這些眾多詩作，可以解讀詩人在生活、生命上深刻的體驗認識，對客觀環境與眾生的人文關懷，乃至達到思想和哲學的高度。以下各子題可以打開詩人「生命花園」，有一座座繁花盛景等你來觀賞、評論。

△**山動了，人生之悟與啓動：**如〈山動了〉、〈旅程中的母子〉等詩。

△**就愛織夢，找尋最愛：**〈兩點之間〉、〈不要向流星許願〉、〈讓太陽見證〉等詩。

△**歲月的江河，何處安自在？**〈仁愛路的楓〉、〈太平山的枯木〉、〈生命的存摺〉、〈歲月的河〉等詩。

△**石與水，兩性的「正反合」辯證運動：**〈石與水〉、〈無題〉詩作。

△愛是一只玻璃娃娃，一碰就碎：〈圓〉、〈泛黃的話匣子〉、〈愛神的翅〉、〈等一班公車〉詩作。

△悲憫同情．倒置換位．趣味巧思：〈女王與神女〉、〈倒立〉、〈跌〉詩作。

△嘶吼吧！解脫人生的苦樂：〈生之喜悅〉、〈咖啡屋〉、〈刀販〉等詩。

△物語：〈紅磚道〉、〈底片〉、〈風鈴的呢喃〉、〈毛地黃〉、〈山櫻花〉等作品。

△你的過去折磨著你，人人是孤獨國：〈懷念〉、〈街頭郵筒〉、〈存在主義電話亭〉、〈你的過去折磨著你〉等詩。

△解癮的告白者，詩人酗什麼：〈酗告白〉、〈詩偷走人的感情〉、〈詩文之戀〉、〈詩的樣貌〉等詩。

△成住壞空中，萬法唯心：〈傘內傘外〉、〈承恩的北門〉、〈失去春秋〉等作。

△人生這仗要怎樣打？想和做之間：〈很想擺脫〉、〈我們其實知道〉、〈以前和以後〉、〈心疼〉等作。

△親情：〈回一趟老家〉、〈為母親〉、〈返鄉人潮〉等詩。

△你是否「玩膩了戴面具的遊戲」？〈匿名〉、〈密碼密碼〉等詩。

△人生飄盪．未完待續．給妳眞情：〈飄盪〉、〈肩膀的邀請〉、〈詩的樣貌〉、

〈未完待續〉等詩。

**△情字這條路，單戀、相愛或分手：**〈單戀VS相戀〉、〈放開〉、〈分手要互相祝福〉、〈秋憶〉等詩。

當然，詩是一種歧意（義）語言，把一首詩歸類在前述各子題中，只是適宜解讀及為研析上方便。整體研究曾美霞現代詩的內容意涵，以對現代兩性關係思考詩寫最多，一如她的小說，都善於捕捉現代社會兩性感情世界的掙扎。其次是對人生旅程喜怒哀樂，人間道上孤獨、飄盪的奮鬥，以及現代社會疏離感和怪現狀等。還有對社會底層的弱勢者，體現人文關懷與悲憫同情。再次以一個詩人所見詩壇現況，詩述她細膩的觀察感，也是對台灣詩壇提供反思視角。

而不論那一種內容內涵，本質上都是體現女詩人的人生領悟，對現代社會百態的觀察，彰顯她的人文關懷。她的作品除了做為詩文學賞析，更有哲學、思想的高度。詩，提昇她的人生境界。

## 註　釋

①封德屏主編，《二〇〇七台灣作家作品目錄》（中冊）〈台北：台灣文學館，二〇〇八年七月〉，頁九七六。

②蘇雪林著，謝泳、蔡登山編，《新文學研究》（台北：秀威資訊科技有限公司，二〇一六年十月），篇三編〈論小說〉，頁一四九。

③李瑞騰總編輯，《二〇一四台灣文學年鑑》（台南：台灣文學館，二〇一五年十二月），見〈創作與研究綜述〉一文。

# 第二章　山動了，人生之悟與啓動

一首好詩至少應該給人有所思考、有所領會；若能更好，則給人一種感悟啟動的力量。但在「給」讀者之前，詩的創作者理當有所思考、有所領會，更好是給人一種感悟啟動的能量。

就像〈山動了〉、〈旅程中的母子〉兩首詩，詩人必是對生命、環境有所領悟，情境或靈感欲從胸中奔出，有所表達或向人說法，呼籲（啟動、鼓動）一種風潮，以改變世界（任何人的世界）。故期待你讀了詩就能「動起來」，改變自己的命運、困境等，改變了自己的世界，就是改變了全世界。是嗎？確實是，如同敘利亞戰火中的救援隊「白盔」信念，「救一人等同救全人類」。（註①）敘利亞戰火從二〇一一年點燃以來，已有四十萬人死於戰火，一千兩百萬人流離失所。二〇一三年三月，敘國的各行各業成立「白盔志願救援隊」，目前有三千志願者專在戰火中救人。現在的領導者是沙雷（Raed

Saleh），他原是電子業務員，加入白盔隊後，一年內在伊德利卜市（Idlib）組成二十支隊伍，後被委任為領導，管控境內一百二十個救援中心，已從廢墟中救出八萬名敘利亞人。

今年（二〇一七）奧斯卡最佳紀錄短片，頒給了《白盔》製作團隊。此片記錄了「白盔」救援隊在戰火中救人實況，讓人見識「我不入地獄誰入地獄」的偉大情操，更讓人理解「救一人等同救全人類」之深層意涵。

面對政治狂人發動戰爭（目前地球上仍在打的戰火，

資料來源：《人間福報》，2017年3月25日，以下3張圖片同。

紀錄片《白盔》贏得本屆奧斯卡最佳紀錄短片獎，由導演和製片受獎。

「白盔」救援隊的信念是「救一人等同救全人類」。

大致是美國人直接或間接先發動）、面對政客腐敗貪婪、面對邪惡勢力、面對姦商不法謀利、面對政商勾結……絕大多數人選擇「不動如山」，能夠讓「山」動起來，必然是極少數人。萬物因稀少而珍貴，因「眾生皆不動唯我動」而可敬，這是我要頌揚「白盔救援隊」的原因。當然，也是因為筆者先讀了小說家詩人曾美霞小姐〈山動了〉一詩，讓我想到「白盔精神」的啟動。儘管詩人的啟動不如白盔隊的能量龐大，至少她有所領悟才有所「鼓動」，接下來就看誰被鼓動了！

回到〈山動了〉一詩創作過程，有所「悟」和有所「動」，先說「悟」，因為悟很難說得清楚。你悟了沒？誰悟了沒？無法論證，沒有證據，誰也不知道，甚至連自己到底悟了沒？永遠沒有真相，有如佛法禪意裡「一寸龜毛重九斤」，「萬法唯心」了。或者詩人的悟，啟動讀者的共鳴和領悟，這個「流動」就是證據。試賞析全部的證據，

「白盔」救援隊首領沙雷。

〈山動了〉。（註②）

功名的繮索繫控了你
痲痺了你的真摯誠樸
你的心　不動如山

利祿的鐐銬套牢了你
痲木了你的善良純潔
你的情　不動如山

現實的網絡　絲絲紊紊
交織繞纏　束縛了你
癱瘓了你的仁慈溫柔
你的心你的情
冬眠成繭　不動如山

山啊 來一次沸騰的爆發
繭啊 來一次掙裂的蛻變
讓燒熔的情 激越
讓震撼的心 悸顫
讓 不動的
山 動了

一首充滿動能給人力量的詩，那股讓「山」動起來的呼喚，有如革命家對群眾激情演說，要喚醒人民的悟力，啟動人民力量說：「同胞們！起來！打倒敵人！」

人生真的有很多「敵人」，高僧大德常開示「最大的敵人是自己」，可見在眾多各類敵人中，就屬自己是最難打敗的「頑敵」。看看你，「功名的繮索繫控了你／痲痺了你的眞摯誠樸／你的心　不動如山」，你寧可當功名的奴隸，被功名牽著鼻子走，你的心如山之不動，如石之頑固，你永遠醒不過來！永遠只是一個奴隸。從另一面說，一個奴才的「不動如山」，是說他的心永遠不會有所領悟，不會有所啟動，改變自己，領悟自己的佛性，自己是一個完整獨立的人，怎麼可以是功名利祿的奴才？

第二段同樣，人有了利祿就被套牢了，心如「頑石」之不動。第三段擴張到所有人面對的現實世界，人所碰到的一切事物，不是只有功名利祿會成為鐐銬。幾乎所有的領域，權力、地位、婚姻、家庭、金錢、愛情、親情……。乃至倫理道德等都是枷鎖，不是有「禮教吃人」嗎？老莊則進而要「棄仁絕義」，都是為了要掙脫所有的「纏索繫控」，獲得自由自在的人身。可惜啊！可惜！世上能完全掙脫這些綑綁在身上的束縛」可以說極少人辦得到，因為現實的網絡「癱瘓了你的仁慈溫柔／你的心你的情／冬眠成繭　不動如山」，你已頑石一顆，如冬眠的繭，無感情沒反應。你被權力地位、金錢利益套牢了，不動如山的無所改變，無所醒悟！

眾生皆迷啊！唯詩人悟；眾生皆醉啊！唯詩人醒。照理說大家都在沉醉，詩人大可一起沉醉，大家都不動何必我先動！乃是詩人的真性情不得不發使然。因此，詩人才有所悟，決定要有所行動，如那「白盔救援隊」的信念「救一人等同救全人類」；詩人是用她的筆呼籲，「山啊　來一次沸騰的爆發／繭啊　來一次掙裂的蛻變」，詩人要救人了，救一人算一人！期許大家勇於改變，向自己革命，向所有邪惡腐敗革命！「讓燒熔的情　激越／讓震撼的心　悸顫／讓　不動的／山　動了」。這是一種「情境」和「境界」，最難解釋說明，就像法國大革命、俄國大革命和吾國之國民革命，那些現場革命者率領群眾，燒熔的情，震撼的心，所有的「山」（山頭、大山、小山），全都啟動了！〈山動了〉一詩，結構嚴謹，意象悚然，山沸騰爆發，繭掙裂蛻變，都是「驚動萬教」的意象。最大特色是有豐富動能，從「不動如山」到「山動了」，以最大的「落差」產生最大的能量。從詩學論之，詩語言光是形像性是不夠的，有時還應有動作性，給人以強烈的感動。從文藝文理學上看，一個躍動的形像作為外在刺激物，較之一個靜止的形像，更能刺激人的心理，引起官能上的反應。（註③）例如，同是蝴蝶在花叢，一在花叢飛，一靜止於花瓣，人們的注意力往往集中在翻飛的蝴蝶。詩經由布局和語言，呈現動態乃至散發強大的動能，更能引人共鳴，產生啟動人心的巨大力量。

吾國唐代詩評論家司空圖，其名著《詩品》論詩之「流動」說，「**若納水輨，如轉丸球……超超神明，返返冥無。來往千載，是之謂乎？**」（註④）意謂詩語言的流動性，可以荒荒然無涯涘，悠悠然無窮盡，如天地運轉般的產生力道。〈山動了〉一詩，就是生出了這樣的動能，給人棒喝啟悟，給人力量啟動，來改變自己，改變這個世界。同樣一首力道較弱，但也能給人啟悟的詩，是〈旅程中的母子〉。（註⑤）

那列火車　猛然啓動前行
那對母子　陡的驚懼後仰
兒子說　只是慣性定理使然
母親說　為了抗拒時光匆促

欲捕攝窗外景物
兒子說
過去的難以捉摸
未來的不可測
唯有把握眼前的一幕
眼前的一幕卻總是
在彈指間　飛逝

想細述窗外景物
母親說

熟悉的畫面是走過的軌跡
不斷重現的雷同
是千篇一律的人生
追求的是不平凡
刻骨銘心　卻在另一段旅程

這首詩藏著「甚深微妙法」，散發著「變動」和「無常」的思想，此乃人生、世界和宇宙的實相。全詩幾可是佛經《金剛經》的詩寫，詩人透過一對母子的對話，進行正反邏輯辯證，以啟動讀者心靈思維。任何人或宇宙內一切事物之「旅程」，都是變動的、無常的，在緣起緣滅間，聚散分合，成住壞空。

第一段是起首式，火車前行人後仰，從科學看是慣性定理，母親則提高詮釋層次，時光如列車快速前行。沿途可能有人「下車」，但不論何人遲早要走到「終點站」，人都是惡死樂生，最好永不下車永不到終站，永遠長生不死。這位母親道出古今中外人性最大的期待，才把後仰動作解釋成「**爲了抗拒時光匆促**」。當然，這是無法抗拒的，人不能讓時光不走或走慢，同樣乘客也不能抗拒列車前行。這段是為了下段做引言，以母子對話提示人生旅程的「不可逆」論述。

第二段兒子也說出很有智慧的一段話，「過去的難以捉摸/未來的不可測/唯有把握眼前的一幕/眼前的一幕卻總是/在彈指間　飛逝」。相信人到有點年齡了，通常就有如是感覺。佛法早已說了人生之真相，在《金剛經》〈一體同觀分第十八〉，佛告須菩提曰：

爾所國土中，所有衆生若干種心，如來悉知。何以故？如來說諸心，皆爲非心，是名爲心。所以者何？須菩提！過去心不可得，現在心不可得，未來心不可得。（註⑥）

經文意思說：在各世界中的一切眾生，所有種種不同的心，佛是完全知曉的。為什麼？因為眾生心源與佛如一，眾生心即是佛心，所以如來能知眾生心性。但是，眾生因在六道中隨業逐流，遺失了本心，反被六塵的妄想心所蒙蔽，而生出種種虛妄心念，這種心都不是本來的佛心，只是一時假名為心而已。這種心，不論是過去心、現在心、未來心，都是虛妄之心，是不可得的。

現在心、過去心、未來心皆不可得，人豈不失落、無根；過去的難以捉摸，未來又不可測，眼前的瞬間消失，人是多麼苦惱！心要「放」在那裡？要「住」在何處？在《金剛經》〈離相寂滅分第十四〉和〈莊嚴淨土分第十〉，多處提到「**諸菩薩摩訶薩應如是生清淨心，不應住色生心，不應住聲香味觸法生心，應無所住而生其心。**」「**應生無所住心，若心有住，即為非住。**」（註⑦）此意說，不執著於「色聲香味觸法」，就能有清淨心、自在自性心；若心有住，便有執著，會隨境而迷，就不能生清淨心。這兒子有智慧（其實是詩人的領悟），說出人生的本質面、實相面，過去現在未來都不可得，那就要把握當下，得眼前瞬間便是永恆！

母親是有長期生活經歷的人，最後從現實面看待問題，凡走過必留下軌跡。「**不斷重現的雷同／是千篇一律的人生**」，生命要維持就是吃喝拉撒，日子要過就得好好工作，千篇一律皆如是，這就是人生的真實。有人問高僧「您怎樣修行？」高僧答：「我就是吃飯和睡覺。」

發問者反問，我們也在吃飯睡覺，難道這不是在修行嗎？高僧搖頭說：「不也！你們吃飯挑肥撿瘦，食不甘味；你們睡覺翻來覆去，睡不安眠。可是我吃飯菜根香，我睡覺安然，同是吃飯睡覺，效果不一樣，心境也不同。」吾國明代大思想家王陽明，最有這樣體驗和修行，他有詩偈說：

> 飢來吃飯倦來眠，只此修行玄更玄；
> 說與世人渾不信，卻從身外覓神仙。

詩中這位母親也是有智慧有境界的，她知道人生就是千篇一律的生活，不外每天吃喝拉撒睡。但不平凡的人生就在這平凡平淡的日子裡，「**追求的是不平凡／刻骨銘心　卻在另一段旅程**」，這另一段旅程是尚待開創的未來。我深入思索，這對母子是否就是愛因斯坦母子？

## 小結

為本文做個小結，回到敘利亞的「白盔救援隊」，這和美霞姊的詩也許「跨度」和「空白」太大，一時不易理解，容我解說後，讀者必有「頓悟」，有所啟動！產生改變現狀、改變自己的動力。

「白盔」成員本來在各行各業工作，教師、醫師、畫家、學生、工程師……何樣的動力讓他們投入這極危險的工作？要在戰火廢墟間冒著生命危險救人，到目前已有一百五十四位成員在救援過程中喪命。他們從「不動如山」到「山動了」，必有一種「情境」發生，那就是「山啊　來一次沸騰的爆發／繭啊　來一次掙裂的蛻變／讓燒熔的情　激越／讓震撼的心　悸顫」，這是鼓舞人心，啟動力量的必經之路。「白盔」成員必經沸騰、蛻變、激越，才終於投入救援同胞的英雄。

這種能夠喚醒「不動的山」，讓「諸山」動起來的熱情，在法國大革命、在俄國革命

燭光身影27

白盔隊英雄三千
救人萬千

今年奧斯卡最佳紀錄短片頒給了《白盔》的製作團隊，此片記錄了與紀錄片同名的敘利亞民間救援組織「白盔」每天在槍林彈雨中拯救無辜百姓的危困工作，讓人見識其「我不入地獄誰入地獄」的偉大胸襟。事實上，這支民間救援隊不僅在廢墟中搶救生還者，並提供許多公共服務，成為敘國千千萬萬民眾的希望。

文／楊慧莉　圖／取自網路

（一九一七）、在吾國孫中山領導的國民革命，都曾呈現過。幾年前台灣的「紅衫軍」百萬倒扁運動，也有這樣的人民熱情（欠革命熱情）。女詩人或許不俱革命意識，但〈山動了〉一詩具有鼓動熱情，讀者多讀幾回，定可使你的心「燒起來」！

〈旅程中的母子〉一詩，也可以給人很多領悟和啟動，過去心現在心未來心皆不可得，那人生要做什麼？要用心於何處？我試想敘利亞「白盔」隊員，他們當初一定也在想這個問題。自己的國家，因外界邪惡勢力介入，而陷於戰火。他們決定活在當下、把握當下，奮起救人，「救一人等同救全人類」。

「白盔」救援隊事蹟被拍成四十分鐘紀錄片，導演是馮愛恩西德（Orlando Von Einsiedel），攝影師是卡提布（Khalea Khatib）。這部片子去年獲提名諾貝爾和平獎，今年獲得第八十九屆奧斯卡金像獎「最佳紀錄短片」殊榮，但不知道敘利亞內戰何時結束？只有美俄兩國領袖知道，美俄百姓也完全不知道！

賞讀曾美霞這兩首詩，筆者亦有所悟、有所啟動。把「跨度」連接到「白盔」救援隊，這「空白」相信讀者已可了然於心，你是否也有所悟、有所啟動了？

## 註釋

①楊慧莉，〈白盔隊英雄三千救人萬千〉，《人間福報》，二〇一七年三月二十五日，A5版）。

②曾美霞，〈山動了〉，《山動了》（台北：文史哲出版社，二〇〇三年十一段，增訂初版），頁一〇—一一。

③曹長青、謝文利，《詩的技巧》（台北：洪葉文化事業有限公司，一九九六年七月），第八章，第二節〈動作性〉。

④司空圖，字表聖，號耐辱居士、知非子，河中虞鄉（今山西省虞鄉縣）。生於唐文宗開成二年（八三七年），卒於五代梁太祖開平二年（九〇八年）。詳見蕭水順（蕭蕭），《從鍾嶸詩品到司空詩品》（台北：文史哲出版社，民國八十二年二月），下篇各章。

⑤同註②書，頁四八—四九。

⑥可詳閱任何一本《金剛經》。本文參考：星雲大師，《成就的秘訣：金剛經》（台北：有鹿文化事業有限公司，二〇一一年二月二十一日，初版三十五刷），附錄二。

⑦同註⑥

# 第三章　就愛織夢，找尋最愛

賞讀詩人作品所要把握的美學特徵，最常聽到的「準則」，是所謂的「詩貴乎真」「詩貴乎實」。古人言「千古文章，傳真不傳偽」（袁枚《答蕺園論詩書》），又曰「詩可數年不作，不可一作不真」（劉熙載《藝概・詩概》）。尚「真」之抒情美學，是中國詩歌創作的基本法則，藝術方法論第一準則。

詩評家也常指出「以善為美」的美學特徵，惟「善」與「美」不可分割。從本質面看，人之情感、人格、心態，乃至起心動念到所有行為表現，善還是以真為條件和基礎的，不真則無以為善，可以這麼說「造假的必然非善」。因此，有人同意「善意說謊」，我不同意，我堅持「真誠」。準此，「以真為美」是中國詩歌最重要的美學標準，所有用「方塊字」寫詩的詩人，皆如是自我要求。

進而我問「真實」為何？科學上的真實易解。例如，花園裡有三朵花開了、某某詩人至今出版三本詩集、某廠牌超跑可在三秒內加速到時速二百公里。凡此，都容易被證明真假，有便是有，無便是無。但文學的「真實」，不能用科學語言證明，甚至一證就變成「造假」，如「南朝四百八十寺」（杜牧）、「白髮三千丈」（李白）等名句，證明就成了「德國汽車造假案」或「台大論文造假案」，成為頭條新聞、詩壇醜聞、被轟得滿頭包。故，詩不是拿來證明的。

所以，文學的真和科學的真不一樣，文學的真是詩人情感的真、性情的真、態度的真、真心的真。這便是中國傳統詩學的「言志論」，吾國明代薛瑄在《讀書錄》一書說：（註①）

> 凡詩人出於眞情則工，昔人所謂出於肺腑者是也。如《三百篇》、《楚辭》、武侯《出師表》、李令伯《陳情表》、陶靖節詩、韓文公祭兄子老成文、歐陽公《瀧崗阡表》，皆所謂出於肺腑者也，故不求而自工。故凡作詩文皆以眞情爲主。

吾國清代詩論家葉燮對詩人之「真情」、詩作之「真實」，有更清楚的論述，詩人要寫出真詩，抒發真感情，就必須感自己所感，言自己所言，其情其志「出於自心」。

故他在《原詩》一書說：（註②）

詩是心聲，不可違心而出，亦不能違心而出。功名之士，決不能為泉石淡泊之音；輕浮之子，必不能為敦龐大雅之書。故陶潛多素心之語，李白多遺世之句，杜甫有「廣廈萬間」之願，蘇軾師「四海昆弟」之言。凡如此類，皆應聲而出。其心如日月，其詩如日月之光。隨其光所至，即日月見焉。故每詩以人見，人又以詩見。使其人其心不然，勉強造作，而為欺人欺世之語，能欺一人一時，絕不能欺天下後世。

陶潛之淡泊名利，李白之鄙棄塵俗，杜甫之博愛胸襟，蘇軾之平等觀念，都是他們的「真」，真性情也。故其詩作「出於自心」，乃真感情、真境界，這種空靈而真實的美學意境是怎樣的「圖像」呢？司空圖在其《詩品》第十八〈實境〉這麼描繪：（註③）

取語甚直，計思匪深。忽逢幽人，如見道心。
清澗之曲，碧松之陰。一客荷樵，一客聽琴。

情性所至，妙不自尋。遇之自天，泠然希音。

白話簡略解釋如次：

**取語甚直，計思匪深**：詩語取用直接，詩意構思不求深隱。

**勿逢幽人，如見道心**：今逢隱士，「如見」未必真，亦見其脫俗超塵。

**清澗之曲，碧松之陰**：清澗之曲，碧松之陰，乃清新真實之境。

**一客荷樵，一客聽琴**：一客荷樵而過，一客聽琴而樂，亦真實之境。

**情性所至，妙不自尋**：情性發乎自然，實境之妙，非由自尋而造也。

**遇之自天，泠然希音**：自然如遇天道，真是微妙不可言。

以上針對「文學的真」，略說「真」的條件、內涵與意境等，不僅在闡揚文學的真不同於科學的真。主要還在筆者深入研究曾美霞《山動了》詩集及其他詩作，發現這近百首詩充溢著詩人的真感情，而女詩人著墨重點大多在兩性關係中情與愛的發揮。按我所認知，古今中外的女詩人作品，也大部在這個兩性世界的情愛大海裡折騰，進出愛情森林裡迷途或尋路。當然，也有男性詩人在情愛裡，織出偉大而「真實的夢境」，找尋最愛，如但丁（後述）。現在就先引賞女詩人〈兩點之間〉一詩。（註④）

那年
我在我的天地做著美夢
你在你的王國揮灑自如
你說　兩點之間
最短的距離是直線
你大步走來敲我的夢
我說　我愛蜿蜒溪流
勝過平直溝渠
於是　你帶著我
攀登山峰　觀日
繞行海邊　聽濤
彎入林中　聞鳥

轉往郊野　摘星
折回公園　賞荷
繞了多少彎路
轉過多少曲折
如今
到了你的王國
我的每個夢
都是你

哲學與政治上的矛盾統一和正反合論，在這首詩境中呈現。世間是否真有這種事（當然有）？不去求證，詩也不是要拿來求證的，這可能是詩人所見所聞所感，或親身體驗，以詩化織出的「真實夢境」，述說「找到最愛」。詩中情節，一對價值觀和邏輯思維完全不同的男女，男生為追求女生，放棄自己的價值觀和邏輯思維，以迎合女方全部「需要」，這等於一個男人放棄全部自我。有時，這種單方面會完全「犧牲」的行為，很可怕！或者也很偉大！幸好，最後兩者融合為一，也就不分彼此了，兩方都織夢成功，找到最愛。

從詩的形式和內涵看，這首詩不分段從頭到尾一氣貫通而成，有快速「修成正果」之意涵，愛情的過程平順又圓滿。「你說　兩點之間／最短的距離是直線」，這兩句藏有最多和最深的弦外之音，尤其在政治和戰略領域，有很大的操作空間。當男生對女生這樣說，代表什麼意涵？不得不讓人想入非非，也有多種詮釋，這是詩語言的神奇，想像空間特別寬廣。

當男生滿足女生全部需要（觀日、聽濤……賞荷）後，他們好像不食人間煙火，一種童話式的圓滿。「如今／到了你的王國／我的每個夢／都是你」，從此以後，王子與公主過著幸福美滿的生活。

從整首詩的意涵觀賞，讀者免不了要問詩人在表達什麼？吾以為要回到男人和女人的本質面看：㈠男人和女人本來就有不同思維，男人直接直線式的，女人間接蜿蜒式的。㈡表現在愛或性愛的差別，男人很直接，要就要，屬於感官的；女人要慢慢來、要溫柔些，感覺上屬於心靈的。㈢女人還是愛織夢，織幸福美滿的夢，男人則未必。㈣戀愛過程中男人的退讓或犧牲，通常只是一種「策略」，好像失去自我，以女人為主體。等到「修成正果」後，男人又奪回主導權，成為兩性世界的「主權掌控者」，如詩說「到了你的王國／我的每個夢／都是你」。這似又重述千古以來兩性需要差異論戰的命題，「女人要的是幸福的感覺、男人要的是權力與佔有」，物種演化論者和心理學家如是說法。

按照我的看法（也是經驗），專家說法未必正確，萬事萬物都不同，一花一世界，一葉一如來，男人也有很愛織夢又溫柔浪漫的，女人也有很務實而不愛織夢的。但男人女人愛不愛織夢是另一回事，幾乎人人有夢，想要找尋最愛，想要去愛，和渴望被愛，是人的本能需要。世間到底有幾人得到真愛？真愛又是何樣境界或滋味？賞讀〈不要向流星許願〉。（註⑤）

為了表達滿腔的熱情
為了說出彼此的心願
為了許下廝守到老的諾言
相愛的兩個人徹夜等待
等待那一閃即逝的流星

流星畫過天際的速度太快
放射光芒的時間太短
熱戀中的人想要的東西太多
想說的話太長

至死不渝的宣誓
天長地久的告白
永不分離的承諾
所有的心願來不及上達天聽

語音無處可去
話聲將落未落
字字句句空洞而孤寂的懸浮
虛幻而不可捉摸
遊蕩在不著邊際的空中

沈沈的實實在在的籠罩大地的
是無盡的黑夜

愛了，要生活怎麼辦？房子車子……

這首詩對愛情誓言，乃至兩性關係的感情世界，有強烈的批判性。兩個熱戀中人等待要向流星宣誓許願，最後推了一大堆理由，並未完成宣誓許願的作為，原因包含流星跑得太快、光芒太短、誓言太長等。文字所示為表相，實另有意涵，「熱戀中的人想要的太多／想說的話太長」，表示他們之間還有爭議，很多事尚無共識，能否相守一生？大概自己也弄不清楚。第三段雖說有「至死不渝的宣誓／天長地久的告白／永不分離的承諾」，都還只是一種不成熟的「想法」，來不及上達天聽也表示尚未相互表達愛意。為何尚未表達？愛不愛、能不能愛？都尚不知道，何況尚有很多爭議，兩人尚無共識！

批判性意涵放在第四段，「語音無處可去」，就算是向流星許願，流星也不想聽這些「謊言、廢話」。更重要的，這些愛情誓言說白了，「字字句句空洞而孤寂的懸浮／虛幻而不可捉摸／遊蕩在不著邊際的空中」。詩人終於拆穿了愛情誓言的真相，原來一切都是空洞虛幻的，有如一場騙局。

這首詩的大結局有些詭異和悲情，本是熱情男女要向流星許願。但最後情境處於「**沈沈的實實在在的籠罩大地的／是無盡的黑夜**」，天堂瞬間變地獄嗎？詩題〈不要向流星許願〉，暗示向流星許願是沒用的，也是不對的，無論如何織夢，也找不到真愛。詩人在另一首詩出示「一盞明燈」，告訴人們如何才能擁有真愛，能恆久相愛，讓織夢成真。賞讀〈讓太陽見證〉。（註⑥）

無論夏日冬陽每當日落
太陽總是深情的吶喊
因為太用力而漲紅了臉
捨不得離開
為的是多照耀一下這個世間
多眷顧一下這個半球的人們
終究必須離開不是逃避
是另一個半球的人們等待著

## 太陽的升起

安歇吧忙碌的人們
日落時分請放手讓太陽下山
奮起吧心如止水的人們
日出的片刻請期待太陽璀璨

比起流星的隨性與匆促
太陽的坦率堅持的恒心
足以代言終身信守的承諾
相愛的人
請不要在黑夜對流星許願
相愛的人對自己誠實吧
請把愛情攤在陽光下
讓太陽見證彼此許下的諾言

這首詩拿太陽和流星相對說法，有貶抑流星而讚揚太陽之意，因為流星只在黑暗出現，太陽則象徵光明和誠實，如政治上的反貪法案叫「陽光法案」。太陽也很辛苦，一半時間照顧東半球，一半時間照顧西半球，他全年無休，「一休一例」也別想，我們禮讚太陽，他大公無私，他從不欺騙說謊。太陽的一切，全部攤在陽光下，讓所有人檢視、驗證。

因此，太陽最有資格見證人們的愛情，「比起流星的隨性與匆促／太陽的坦率堅持的恒心／足以代言終身信守的承諾」。織夢的人向太陽看齊吧！找尋最愛的人向太陽學習吧！同時詩人也建議，「相愛的人／請不要在黑夜對流星許願」，那是沒用的，得不到天長地久的愛，流星就算有愛也是瞬間消逝。

到底宣誓能否維持一生「有效期」？雙方信守永不分離的承諾，使愛情長長久久。詩人以「愛情專家」的身份，提出「愛情陽光法案」，其核心條文只有「相愛的人對自己誠實吧／請把愛情攤在陽光下／讓太陽見證彼此許下的諾言」。這個法案提歸提，是否有「民意基礎」則不得而知，因為「愛情」通常有很高的私密性，要攤在陽光下，不知有幾對相愛的男女同意！

## 小結

我想，有情男女不論誰，都是愛織夢的，人生有夢最美，人人都希望找到最愛，在這追尋過程中「**相思始覺海非深**」（白居易〈浪淘沙〉），古來寫相思作品極多，但能把愛情之夢織成一部偉大的鉅著經典極少，但丁（Dante Alighieri）《神曲》正是。（註⑦）但丁九歲的時候認識了名叫 Beatrice 的小女孩，成為他心中永恒的謬斯女神，二人之間有了「**天長地久的告白／永不分離的承諾**」。長大後因雙方家長的門戶之見，二人不能結合，Beatrice 嫁了別人，不久就死了。但丁為她寫了詩集《新生》，又創作《神曲》，讓她成為作品中的仙女，她也成為但丁終其一生唯一的「夢中情人」，這是愛情的偉大啊！

《神曲》詩長一萬四千二百三十三行，由〈地獄〉（Inferno）、〈淨界〉（purgatorio）、〈天堂〉（paradiso）三部構成。但丁以第一人稱敘述，一開始他說人生旅途中正迷失在一座黑暗的森林，他跑上一座山丘，可是被獅子（象徵政客野心）、牝狼（政客貪婪）、豹子（人民無知逸樂）阻擋去路。就在生死一線間，仙女 Beatrice 派遣詩人威吉爾（古羅馬詩人）來救他，領他去地獄、淨界和天堂旅行，見聞寫成《神

曲》詩集。（註⑧）

但丁把年輕時代的情人昇華成終身謬斯女神，給他人生的方向和創作動力，乃至靈感泉源和救命恩人，這是愛情的力量。世事很弔詭，有時愛情「修成正果」即非愛情，也失去神奇和光輝，或失去動力。〈兩點之間〉、〈不要向流星許願〉、〈讓太陽見證〉等詩作，詩人織的是誰的夢？人生的最愛又何處尋？

## 註釋

①陳慶輝，《中國詩學》（台北：文史哲出版社，民國八十三年十二月），第一章。

②同註①書。

③蕭水順（蕭蕭），《從鍾嶸詩品到司空詩品》（台北：文史哲出版社，民國八十二年二月），頁一六八－一六九。

④曾美霞，〈兩點之間〉，《山動了》（台北：文史哲出版社，二〇〇三年十一月，增訂初版），頁一四－一五。

⑤曾美霞，〈不要向流星許願〉，《華文現代詩》（台北：文史哲出版社，二〇一五年二月），頁七二。

⑥曾美霞，〈讓太陽見證〉，同註⑤。

⑦但丁（Dante Alighieri），誕生於一二六五年初夏，義大利佛羅倫斯一個沒落的貴族家庭，病逝於一三二一年。他一生面臨義大利動亂和戰爭，他屬教皇黨，後黨分裂成黑白兩派，但丁是白派，黑派得勢後，但丁被放逐至拉文納，至死未回佛羅倫斯，《神曲》是流放期間作品。

⑧威吉爾（英文名是Vergil，拉丁名是publius Vergilius Maro），古羅馬詩人，生於西元前七〇年十月十五日，卒於西元前十九年九月二十一日。他傳世作品有：《牧歌集》、《農事詩》、《埃涅阿斯紀》三部，古羅馬時代田園詩人。

# 第四章　歲月的江河，何處安自在？

詩人是善於思考的智慧者，曾美霞的作品有大部份在引導讀者思考兩性關係，提出問題或解決問題，提出一些選項以供參考。但這裡所引三首詩，思考很深入又層次很高，「歲月的江河，何處安自在？」

生命在歲月的河海中翻轉，沒一刻停止，何處安自在？這問題太大太廣了，說之不盡。也可如《論語》那樣簡化說，「詩三百，一言以蔽之，曰思無邪。」我說人生要能安自在，必須自己找到「人生的價值」，弄清楚「我是誰」或「我是什麼」！

「找到自己的人生價值」很難嗎？說難並不難，因為人人都有佛性，「你就是佛」；但說難也很難，因為眾生絕大多數「執迷不悟」，難以自覺自己佛性的存在。這是一個大問題，我在「佛光山佛學夏令營」至少有三次，親聞星雲大師針對這問題向學員開示，用平易趣味方式，讓聽者難忘而能領悟，師父真是個說故事專家，大意如後。

有個徒弟問師父：「人生的價值究竟值多少？」師父不答，因為這問題很難週全的回答。問不到答案的徒弟，就常常詢問：「人生的價值多少？」「人生的價值何在？」等問題。

有一天，師父拿了一塊晶瑩剔透的石頭給徒弟，叫他到市集去賣，請大家出價，但不可以真的賣給人。在市集裡有人出價了，二十元、五十元……三百元。晚上回到寺裡，徒弟開心的跟師父說：「師父，不得了！這石頭竟有人出價到三百元。」師父聽了只說「好！」

第二天師父叫徒弟把石頭拿到百貨公司賣，同樣是大家出價而不賣出。一些貴婦和富翁越看越喜歡，於是有人出價了，二千、三千……二萬元。徒弟回去告訴師父，「不得了啊！不得了！這石頭有人出價二萬元。」師父聽了還是只回「很好」，淡然一笑。

過幾天，有個珠寶博覽會，師父又叫徒弟拿去看看，這徒弟好像「心門」開了。「各位行家，你們看這石頭晶瑩剔透，是深值收藏的無價之寶啊！出個價錢吧。」許多觀賞者，有人出價了，十萬、二十萬……三百萬。這還得了！徒弟跑回去告訴師父有人出價三百萬元，這石頭到底是什麼「東西」？

師父終於說話了。「徒弟啊！你常問人生價值何在？像這顆石頭，在不同地方、不同人眼裡，價值都不一樣，端看你放在哪一個位置，地點不同、眼界不同，價值也就不一樣。」如一盤棋局中，車、馬、炮最有力量，最有價值。但有時輸贏決定在一個兵卒身上，兵卒在那個位置上最有價值，就像這石頭，放在不同場所，它的價值也改變了。人生價值何在？要自己去發現，你在那裡？

類似的問題，流行音樂天王麥可傑克遜的父親，為啟蒙孩子也做過。麥可九歲時，有一天，老爸拿一件白色汗衫叫他到市集賣，告訴麥可要五百元以上才賣，麥可說「這不到十元的東西怎能賣五百元以上？」他老爸叫他去試試。

麥可無聊又不情願的在市集擺賣一陣，無人理會他。不久有個大明星的唱片簽名會在市集辦，一群人圍著大明星要簽名，小麥可靈機一動，拿起汗衫鑽進人群，衝到大明星面前說：「我好崇拜你，你能不能在我這件汗衫上簽名？」大明星看小麥可好可愛，簽名了！

當日，小麥可在市集拍賣這件汗衫，竟以一千美金高價賣出。不知是不是這樣的啟蒙？造就日後的流行音樂天王。無論如何！找到人生的價值並不容易，人生是無常的，世界是險惡渾濁的，歲月的江河不斷流向「終點站」，如何找到自己的價值？何處安自在？也許我們應該要向「枯木」學習。賞讀〈太平山的枯木〉。（註①）

超卓的鶴立
矮樹林中那一桿高直
娓娓訴與白雲
那曾經擁有的聳然

耀眼的雪亮
綠樹叢裡那一身皙白
喃喃吟向藍天
那曾經煥發的燦然

任嚴寒冬臨
滿山萎黃咒詛凍凝的嵐

等來年春暖
一樹青綠頌歌新吐的芽

那挺立依舊突兀
那孤傲依舊不馴

風風　雨雨
絮絮　叨叨
太平山的枯木啊
把千年的盟約
銘記在心底
將永恆的誓言
鐫刻在枯白的軀幹上
日日　月月
歲歲　年年

這是一株「自覺性」很高的樹，雖是一個「老人」了，歲月的江河已流到接近「終點」，依然活得自在，老人有老人的價值；枯木有枯木的價值。二者皆自在，實為詩人之自在。

從詩學述之，詩人用了「枯木」當現成意象（也叫習慣意象），有寫境和造境兩種意境特徵。「寫境」側重寫實，彰顯太平山枯木的「無用之用」，頌揚它曾經有過的青綠高聳。「造境」側重理想和詩意昇華，達到人生哲學的境界。第一段回憶，對枯木更暗喻人生，「**超卓的鶴立……那曾經擁有的聳然**」，巨木與「巨人」都有過豐功偉業，高人一等，那是多麼風光……第二段「**那一身皙白**」指枯木，樹老了，皮掉光了，依然很有自信，「**耀眼的雪亮/綠樹叢裡那一身皙白/喃喃吟向藍天**」。枯木是萬綠叢中一皙白，高大的身軀伸向藍天。暗喻這老人雖老了，還是很有自信，「我就是我，永遠頂天立地，任歲月江河流到那裡！我就在這裡安自在，這便是我的人生價值。」可敬的枯木！可敬的老人！

第三段是從枯木看叢林，從老人看世界的心態，樹枯了人老了，都是客觀世界的自然現象，自然成住壞空的過程，枯木和老人都能「不以物喜、不以物悲」。雖寒冬來臨，滿山枯黃，「等來年春暖／一樹青綠頌歌新吐的芽」，萬物生生不息，枯木和老人坦然面對自然界的生滅循環，皆安自在。這是詩人以「物語」發言，述說她的人生哲學和修行境界，所以也是詩人的安自在。

可貴的是人生進至老境，依然有年輕時代的風華。「那挺立依舊突兀／那孤傲依舊不馴」，這也暗示枯木也好，老人也罷，是永不低頭、永不認輸的性格。最後一段詮釋凡走過必留下歷史，人人都在寫歷史，千年神木雖走到生命的終站，「把千年的盟約／銘記在心底／將永恒的誓言／鐫刻在枯白的軀幹上／日日　月月／歲歲　年年」。宇宙間萬事萬物，一切的眾生，都在寫自己的歷史。生命已完成自我實現，功德圓滿，那些光輝的歷史就留給後人去評價吧！

前述講到「枯木」是現成意象（也叫習慣意象），它是由前人在審美或藝術活動中創造的，感染力和表現力很強，詩人藝術家等最常沿用的意象。如楊柳依依、烏夜啼、流水、落花等。（註②）如吾國大唐時期大梅法常禪師這首〈枯木〉（註③），同樣對人生在歲月江河中翻滾，如何才能安自在？與美霞的「枯木」有同工妙意，惟多一層禪思。

摧殘枯木倚寒林，幾度逢春不變心；

樵客遇之猶不顧，郢人那得苦追尋。

「摧殘枯木倚寒林」，被歲月的江河摧殘成一株枯木，孤獨在寒林中，雖有幾度逢春天，但依然安於枯黃的老境現狀，並不會變心想要再度回春；也可以解成不受春意的誘惑，老神在在！

「樵客遇之猶不顧」，樵客要砍的是有用之材，越是有用的好木材，越快被砍除。現在成了枯木，樵客都不想要了。言外之意是「無用之用」，暗示「天生我才必有用」（李白說），如佛說人人都有佛性，只看是否自覺？或人生任何階段都要自在。樵客不顧，我正自在！

「郢人那得苦追尋」，據說「郢人」（楚國郢城人）最善於用刀斧，也不會苦苦追尋已殘朽的枯木。言下之意，枯木沒有「敵人」了，正是自在。暗示人到老年，沒有競爭者，沒有敵手對手，可以自在生活多好。

禪詩另有更深的人生意涵。枯木安於寒林的清冷，暗喻修行人不能見異思遷，才不會「此山望見彼山高，到了彼山沒柴燒」。不要羨慕人家榮華富貴，不要隨便放棄自己的初心。古人說：「不羨王侯不羨仙，但得知足有安寧。」不羨王侯仙家，安於知足，安於淡泊，人生就能無懼於歲月江河的翻滾流逝，而安自在。

人生無常，江湖險惡，誘惑無窮。一個修行人要有定力，才能安住身心。人處眾中，最要肯定自己的道場，肯定自己的團體，不一定處處引人注意，有時「潛龍勿用」，等於枯木倚寒林，樵夫不要它，正可免於被砍下來的災劫。這樣，〈生命的存摺〉還有「存款」。（註④）老本是不能揮霍的。

生命是一本存摺
載著一次次成長的喜悅
愛吃蛋糕的年紀
我喜歡點燃蠟燭
唱著　數著
炫耀存摺上的戳記
又努力累積了
一些歲月

生命是一本存摺
載著一次次提領的驚心
怕吃蛋糕的年紀
我不敢吹熄蠟燭
忍見燭蕊飄升的
縷縷輕烟
感傷存摺上的結餘
又被揮霍掉
一些歲月

所見眾生皆如是，年輕時最不值錢的是時間，任意揮霍，拼命浪費，很少有幾個年少而有智者。必待年過中年，約四十仍惑之年開始稍有警覺，五十以後則是驚恐，「怎麼又過了一個月？」六十歲後則是害怕，過一天少一天，又向「終點站」邁進一里路。這種感覺如佛經《金色童子因緣經》，有「少水魚」詩偈曰：

寢宿過是夜，壽命隨減少；
猶如少水魚，斯何有其樂。

確實，人生就如一條在少水環境中的魚，水每天都在減少，水沒了生命也結束，想到這裡就快樂不起來。如同〈生命的存摺〉一詩，到了某種年齡，蛋糕不敢吃，蠟燭不敢吹，醫生在耳邊叮嚀少油少鹽少魚肉。而養生專家也說，吃得越好走得越早，吃得越多走得越快。又有新聞天天轟炸「某要人六十歲掛了……」歲月的江河裡天天不安寧，生命要如何安自在？生命無常，生死只在一瞬間。佛經《四十二章經》第三十八章〈生即有滅〉曰：

佛問沙門：人命在幾間？對曰：數日間。佛言：子未知道。復問一沙門：人命在幾間？對曰：飯食間。佛言：子未知道。復問一沙門：人命在幾間？對曰：呼吸間。佛言：善哉！子知道矣！

少水魚詩偈，是要啟蒙眾生把握光陰，善用當下有限生命；可以警醒我們無常的來臨，鞭策大家從有限生命中，積極把握時光，活出有貢獻、有價值的人生。而佛與沙門對話，也在啟示眾生，生滅都在呼吸間，要把握難得的「人身」，活出有意義、有價值的人生。

〈生命的存摺〉詩意，也在警惕世人，生命「猶如少水魚」，也像在存摺裡的「時間」，過一天「提領」出一天，生命就少一天。每次提領都驚心，「感傷存摺上的結餘/又被揮霍掉/一些歲月」，警惕自己要把握當下，創造出自己的「高價值」。賞讀〈歲月的河〉一詩。（註⑤）

如果
記憶是水
歲月就是河流

曾是涓涓小溪
流失的時光清淺
掬起的記憶明澄純淨

指間滑落的時光
帶著往事點點滴滴
落入琤琤琮琮的溪流
迤邐著細語輕笑
小溪潺湲壯大奔騰

眼前是洶湧江河
奔逝的歲月浩瀚
盛起的往事紛沓渾濁
心驚　豈僅驀然
慨嘆　怎堪回首

歲月是一條江河，人在這江河中流轉，是他全部的記憶，有人經歷的是小溪潺潺，有人碰上大江大浪，驀然回首，有心驚、有膽跳，這便是人生，人人都不一樣。這首詩寫出許多人的生命歷程，歲月的意象化，俱有普遍性。當然，這應該也是詩人「檢驗」人生數十年，對歲月流轉最大的感悟，詩的弦外之音是提醒我們，歲月的河流，逝者如斯，不分晝夜，要如何在這變動的環境中，有一顆安靜自在的心？

## 小結

詩人美霞在〈太平山的枯木〉、〈生命的存摺〉、〈歲月的河〉三首詩，思考人生大河流轉中，如何才能安自在？生命的存摺裡「結餘」日少，歲月的河逝者如斯，叢林裡「眾生皆綠唯我枯白」，安自在談何容易？

說來簡單，我們若都能像「觀自在」一樣，只觀照自己，認識自己，一樣也自在了。偏偏人生在世，大多活得不自在，能像「枯木」那樣自在的不多。因為人只要「有」就不自在，有錢了不自在，有愛情了不自在，有婚姻了更是不自在，有大權在握則天大的不自在，追逐名利可能是恐怖不自在。

認識自我很難嗎？二千多年前佛陀悟道第一個發現的真理是「大地眾生皆有佛性」。吾人注意是「發現」而不是「發明」，即是說人本來有很好的「自性」，很有價值，足可讓人在歲月河海的大浪裡保持「自在」，這才是人性的「本來面目」，此乃人之「佛性」也。只是絕大多數人被欲望和執著障礙，不知自己的佛性，而呈現出貪、瞋、痴、慢、疑種種惡形惡狀。但丁在《神曲》也提到基督教裡的七個原罪（Seven deadly sins）：驕傲（pride）、貪婪（Covetousness）、憤怒（Wrath）、妒嫉（Envy）、懶惰（Sloth）、貪吃（Gluttony）、好色（Lechery），並針對犯下這些錯的人，分別給予不同的處罰。

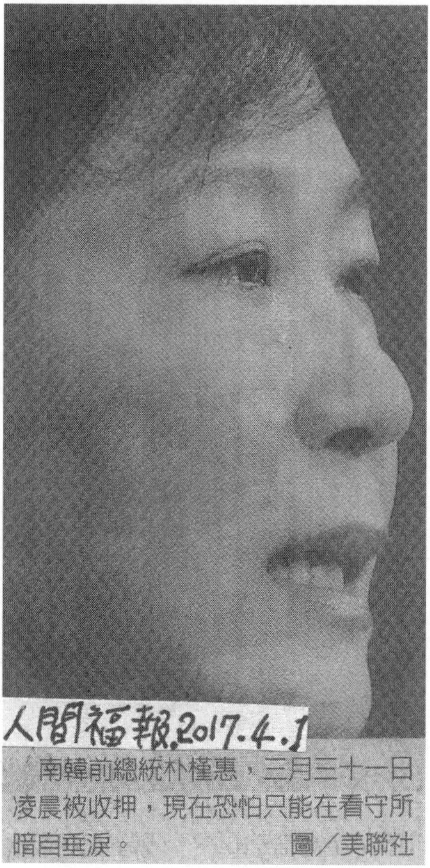


南韓前總統朴槿惠，三月三十一日凌晨被收押，現在恐怕只能在看守所暗自垂淚。　圖／美聯社

不論從佛教或基督教標準，檢視、驗證、判決所有的人類一生所有的行為（含起心動念），可謂無一人可以完全合乎標準而不受處罰。即是說，人人死後都要受不同程度的處罰，也許極少的高僧大德和偉大的神父牧師，因其可以修到「觀自在」的境界免於

受罰。佛教按《金剛經》「無住生心」修行（註⑥），便能做到「八風」（稱、譏、毀、譽、利、衰、苦、樂）吹不動，那麼你就是「太平山的枯木」，任「生命的存摺」如何存提，任「歲月的河」如何洶湧！你都不為所動，你安自在！你清楚明白「自性」，你知道自己的人生價值。

一個人要了解自己很難嗎？尼采（F. W. Nietzsche）在〈為什麼我這樣智慧〉一文說，「在我的本性中明確的反映出來——我具有一個『他我』（Alter-ego）；我具有一個『第二』視覺，甚至我還具有一個第三視覺。」（註⑦）又在〈為什麼我這樣聰明〉一文說，「為什麼我是這樣的聰明？……在我柔弱的七歲時候，我早已知道，人類的任何言語都不會影響我。」我研究尼采，發現他很早知道自己的「佛性」，他一生都自在，上帝都被他宣判了死刑，他比你我、比上帝還自在，我們向尼采學習吧！

## 註釋

①曾美霞，〈太平山的枯木〉，《山動了》（台北：文史哲出版社，二〇〇三年十一月），頁一八－一九。

②陳慶輝，《中國詩學》（台北：文史哲出版社，民國八十三年十二月），第二章。

③大梅法常禪師，師承六祖慧能大師，馬祖道一禪師之法嗣。湖北襄陽人，俗姓鄭，幼年出家。生於唐天寶十一年（七五二年），圓寂於唐文宗開成四年（八三九年）。

④曾美霞，〈生命的存摺〉，同註①書，頁二〇－二一。

⑤曾美霞，〈歲月的河〉，同註①書，頁二四－二五。

⑥可參閱任何一本《金剛經》，本文參用星雲大師著，《成就的秘訣：金剛經》（台北：有鹿文化事業有限公司，二〇一一年二月二十一日），附錄二。

⑦尼采著，劉崎譯，《瞧！這個人：尼采自傳》（台北：志文出版社，二〇〇一年元月）。尼采（**F. W. Nietzsche**），一八四四年生，一九〇〇年卒，為牧師之子，德國哲學家，存在主義哲學先驅者。主要作品有：《悲劇的誕生》、《瞧！這個人：尼采自傳》、《上帝之死》、《查拉圖斯特拉如是說》等。

# 第五章　石與水，兩性的「正反合」辯證運動

千古以來的兩性關係，從接觸、相處、妥協或結合的離合過程觀察，頗能引入哲學上「正反合辯證法」詮釋之。但何謂「辯證法」？怎樣「「正反合」？筆者深感有略為簡說之必要。

所謂辯證法（Dialectic），東西方古代已有悠久歷史。在中國如易經的「否極泰來」，老子「禍兮福所倚，福兮禍所伏」，莊子「方生方死，方死方生」。在西方，按這名詞源於希臘文 Dialectic，其含義是經由對話、辯論，找出對方矛盾並克服其矛盾，以求得最佳狀態（或真理）的方法。古希臘哲學家齊諾（Zeno of Elea）、亞里斯多德（Aristotle）、赫拉克利圖斯（Heraclitus）、蘇格拉底（Socrates）、柏拉圖（plato）等都是辯證思想家。

辯證法的充分發展從近代德國古典哲學開始，經康德、費希特、謝林，到黑格爾集

其大成。康德（Immanuel kant, 1724-1804）的辯證法強調宇宙間有矛盾的存在，都有正、有反，這是「二律背反」（Antinomic），以表示之。（註①）

| | | |
|---|---|---|
| 宇宙量 Quantity 的矛盾 | 正 | 宇宙在時間上必有起止，空間上必有界限； |
| | 反 | 宇宙是無始無終，亦沒有界限的。 |
| 宇宙質 Quality 的矛盾 | 正 | 宇宙不能作無限的分析，即有最後之單一體存在； |
| | 反 | 宇宙可以作無限的分析，即無最後之單一體存在。 |
| 宇宙關係Relation的矛盾 | 正 | 宇宙中有必然之因果，他方面亦有自由； |
| | 反 | 宇宙中的一切皆依自然法則而存在，為因果所獨斷。 |
| 宇宙形態 Modality 的矛盾 | 正 | 宇宙有一絕對必然之實體，是爲萬物之因； |
| | 反 | 宇宙無一絕對必然之實體，可爲萬物之因。 |

康德認為宇宙間的質、量、關係、形態，即宇宙間的一切，當然就包含政經軍心乃至人的感情，都是矛盾的，正反對立的。但正和反如何完成統一？康德並未給出適當的途徑。到了費希特（Johann Gottiele Fichte, 1762～1814），提出以自我為一切思維進程

的中心，產生「自我」與「非我」的區隔，相互辯證與激盪，這樣辯證法的正、反、合三段進程於焉建立。

自我：肯定自身，為「正」（Thesis）。

非我：別於自我，為「反」（Antithesis）。

自我與非我相互激盪：為「合」（Synthesis）。

謝林（Friedrich Wilhelm Joseph Schelling, 1775～1854），他以自我為「正」，自然為「反」，完成自我與自然的妥協求其同一為「合」。黑格爾（Georg Wilhelm Fhiedrich Hegel, 1770～1831）集各家大成，有一定的辯證歷程。第一個觀念是肯定——「正」，再由第一個「正」概念提出第二概念即否定——「反」；正反相爭是為矛盾、對立，為求解決此一矛盾對立，必須有第三個較高概念，在正反相爭中，正反兩方都有所昂揚、拋棄、妥協，乃克服矛盾，是為否定之否定——「合」。如是正反合有各層，高低大小正反合，不斷前進達到「絕對理念」（Absolute Idea），這是完美的境界。黑格爾稱「三位論」（Triade），可圖解如次。

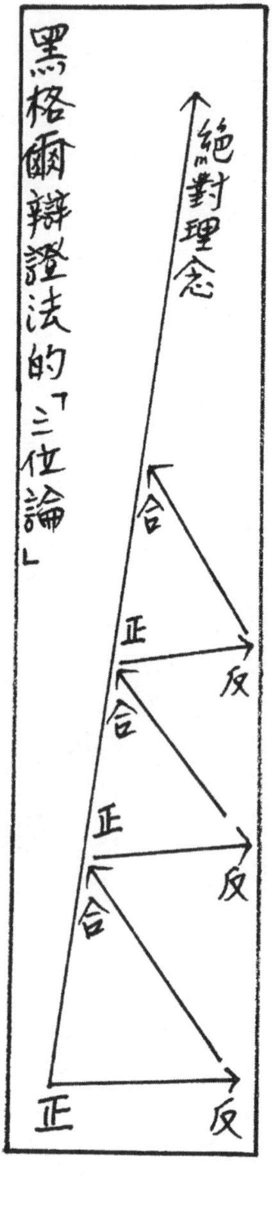


哲學家講正反合辯證法或許有些深妙，但其實這種實踐邏輯是人類文化文明演進過程中，最普遍的行事法則。舉凡政治、經濟、軍事、兵法……兩性關係，都在「不知而行」（唯智者知），上至王侯將相，下至販夫走卒，生活或工作必須「矛盾中求統一」，總是會碰到。一對情人為結婚方式相爭吵架，最後各自讓步妥協才辦好大事，這便是正反合辯證法。戰略家、政客都在用，只差層次高低，高明或低俗而已。在現代詩技藝上，矛盾中求統一是重要的文學表達方式，展現張力的藝術美感，「張力」的表現在文學各類作品無所不在，在正反之間拔河導至最終的統一，皆是「矛盾統一論在文學的運用」。吾國現代詩研究學者陳仲義在〈論現代詩語言〉一文說：（註②）

㈠「內聚合」與「外擴張」產生的彈性張力構成現代詩語言內部矛盾統一運動，兩者相輔相成，從內涵到外延促成了現代詩整個傳達媒介的多向性、暗示性及生長性。㈡現代詩的語言張力主要表現在特定語境壓力中，尋求各種對應對立關係中的強制性搭配、嵌鑲、牽拉、畸聯，造成媒介運動離心力和向心力的巨大摩擦，使之在傳達的阻拒中產生陌生化效果。

這世界是個「矛盾世界」，許多人事永遠在「正」和「反」的矛盾糾纏，也許很快妥協統一，也許要很長的進程。詩就在這矛盾↓統一進程中，肯定和否定的對立，延伸出各種轉化形態，如方莘這首〈無言歌：水仙〉。（註③）

早晨當我到郵局去的時候
冬日的曇雲是張晶亮的彫花大玻璃
一叢水仙在後面燃著熊熊冰冷的火焰
Echo，你的名字是一雙美好的新鞋

每晨令我踏上一程痛苦的忻悅

當我又懷著雪白的信封回來
冬日的曇雲有一種異樣的微光
隔著一張晶亮的大玻璃我看見
一叢水仙燃燒在森冷冰亮的劍山上
Echo，我的呼聲永遠沒有回音
因為你不知道，因為你不知道

沸騰的酷寒是一座詭奇的迷宮
每舉步我踏碎一匣新穎的錯誤
Echo，你的眼睛是面半透明的鏡子
轉身之際，我看見我穿著自己的愚昧行走
我行走在自己的頭顱之上

〈無言歌：水仙〉，詩寫戀愛和矛盾痛苦開始，欲投情書的猶豫，到不敢投寄的自卑，最後無奈的自嘲。十六行短詩有六個矛盾意象，眾多小矛盾同構總體大矛盾，成為一個「統一的矛盾體」，六個矛盾意象使這首詩的矛盾「密度」更高。詩的弦外之音，暗示人生有很多矛盾，但必須找尋統一。

㈠「燃著熊熊冰冷的火焰」。主角自喻水仙，其戀愛情境是外表冷如冰霜，內心熱情如火，內外矛盾產生了「張力衝突」，顯示戀愛的複雜心理。

㈡「你的名字是一雙美好的新鞋」。心理上呼喚愛人的名字，有說不出的甜蜜，但生理上感覺隱含「新鞋不太合腳」。心理和生理造成了落差，張力亦在這落差中產生，這和「二分法」也很類似。

㈢「每晨令我踏上一程痛苦的忻悅」。痛苦的忻悅是抽象矛盾語，痛苦和忻悅，是對立情感的衝突。

㈣「沸騰的酷寒」。鮮明的對立、衝突，擴大主角墜入情網的迷惑，找不到出路，再犯一匣新穎的錯誤。

㈤㈥「行走在自己頭顱之上」「穿著自己的愚昧行走」，都是對自己不滿的嘲諷，自己成為自己的對立，張力就在矛盾對立中顯現。

〈無言歌：水仙〉多矛盾意象，而少統一，顯示「正」和「反」的辯證激烈，「合」則放在迷霧的「空靈」中，讓讀者的想像力去發揮詮釋權，網路上說Echo是作家三毛（陳平），尚待求證！

前面對正反合辯證法簡說，及方莘作品的舉例說明，都為賞析、詮釋曾美霞這首〈石與水〉詩，這是一首「完美的矛盾統一」詩，相較於方莘〈無言歌：水仙〉，美霞側重「統一」（方莘側重矛盾）。全詩抄錄如下。（註④）

## 〈之一〉石

臥在河床上的石
　像參差而固執的男人
突兀聳立的石
　任流水迴旋腳底
　　儼然中流砥柱
輕巧圓潤的石

逐波而流沈浮不定
　只能隨遇而安
小石身不由己
　戀戀仰視
那卓絕堅毅的俊拔
大石孤高傲寂
　欣羨俯瞰
那恬淡無爭的適意

〈之二〉水

當她靜止端肅
　她是冷冷的鏡
當她起伏流轉
　她是不可捉摸的光陰

淙淙慢流　令人消沉無奈
湍急激盪　使人心神不寧
　山中觀瀑
　海岸聽濤
　溪邊掬水
一種水　百樣千貌
百樣千貌的水
是百樣千貌的女人
水的別名
　是女人

## 〈之三〉石與水

柔弱的水緩緩流經
堅硬的石

輕撫粗糙的臉
低語中
夾雜細碎嬌笑
偶有極微的啜泣
屹立的石　不為所動
春去春來
歲歲年年
柔弱的水　柔弱依然
那英姿勃煥的石啊
那孤傲堅毅的石啊
削弱了雄壯
磨平了粗獷
嶙峋崢嶸呵
豪邁頑桀呵
不復再見

柔弱的水緩緩流經
曾是堅硬的石

這首詩從詩學藝術欣賞看，有強烈又溫柔的「矛盾統一」張力，似乎覺得這世界雖充滿矛盾、對立，最後仍是圓滿的。就辯證法的檢驗，是一首完美的「正反合三位論辯證」，與方莘〈無言歌：水仙〉相較，方莘是康德的「二律背反」進程，美霞這首是黑格爾「三位論」進程。〈石與水〉有以下諸種不同屬性的正反合辯證：

石與水的屬性對立，石為「正」，水為「反」，經相融後為「合」。男與女的屬性對立，男為「正」，女為「反」，經磨合後為「合」。強與弱的力量對比，強為「正」，弱為「反」，經消融後為「合」。詩文邏輯進程檢視，第一段為「正」，第二段為「反」，第三段為「合」。整首詩言，是完整的「矛盾統一體」。

第一段起首寫各種河床上的石頭，實即從女人的感覺和立場描述各種男人，世間男人千萬億種，個個都不一樣，但女詩人簡化歸類成五種男人。從他們外表的形像，有躺臥、站立、輕巧、弱小、巨大等五種姿體語言，可以解讀這五種男人的性格、能力或品德。這也表示女詩人善於觀察男生，有助於自己找到一個好男人。

「臥在河床上的石／像參差而固執的男人」。隨意躺臥很不懂禮節，「參差」應是不守秩序。這種男人不管別人感受，我行我素，很固執的男人，離他遠一點吧！

「突兀聳立的石／任流水迴旋腳底／儼然中流砥柱」。頂天立地的男人，走到那裡都是天生的領導，任何時候都有一群追隨者或得力幹部，為他效命，在他腳底「迴旋」。這種男人是英雄豪傑，時代的中流砥柱，跟著他，妳就是「領導夫人」，也有機會成「第一夫人」。

「輕巧圓潤的石／逐波而流沈浮不定／只能隨遇而安」。這個男人沒有什麼大志，亦欠進取心，幸好他也看得開，逐波沈浮，混一天算一天，往好處想是隨遇而安。跟了這種男人，就嫁鷄隨鷄，嫁狗隨狗，一起流浪好了！

「小石身不由己／戀戀仰視／那卓絕堅毅的俊拔」。這群生活在金字塔底層，靠勞力吃飯的弱勢男人，他們無力自保；只能用羨慕的眼神，看那些「位高權重」的人，他們「卓絕堅毅俊拔」，自己相形自卑！

「大石孤高傲寂／欣羨俯瞰／那恬淡無爭的適意」。任何社會必有一群政治、經濟的強人，非洲草原的眾獸們，只有獅虎敢於孤高驕傲，只有大象可以恬淡適意，其他大多要小心度日，一不小心就成了人家的餐點。男人到了巨大又強大，如河中巨石，他可以孤高，可以不爭，他是一個「天下」（如郭台銘），能跟著他，他的天下也是妳的天下。

第二段以水比喻女人，詩述女人的各種樣貌和質性。一般的常識大家都會說，「女人是弱者，為母則強，為妻則疑。」有個人問上帝說：「上帝啊！女人這麼可愛，為什麼成為老婆這麼可怕？」上帝答說：「可愛的女人是我創造的，是你把他變成老婆。」可見女人的「變」是有點「可怕」的，換了位置，腦袋全變了。女詩人在她的作品裡，女人也是不可捉摸的。

「當她靜止端肅／她是冷冷的鏡」。端莊寂靜的女人，她是「冷冷的鏡」，可以讓人冷靜下來，唯有冷靜可以讓人理性，如鏡前反觀自照。這女人的形像，有如蒙娜麗莎，那一種男人才配擁有這樣高貴典雅的女人？

「當她起伏流轉／她是不可捉摸的光陰」。上善若水，水雖柔弱，可以流向任何地方，可載舟亦能覆舟，所以水若「有所行動」，也是神鬼難測，比喻「女人如水」，形像具象都吻合。「淙淙慢流　令人消沉無奈」，有些女人凡事慢半拍少根筋，令人消沉無奈，生活經驗中女詩人可能碰到過這樣的女生。「湍急激盪 使人心神不寧」，女人讓人「消沉無奈、心神不寧」，這是一種負片價值，亦暗示女人是不被理解的，弦外之音是女人是要被愛的。

「山中觀瀑／海岸聽濤／溪邊掬水」，瀑布、濤浪和溪流，都是水的各種樣貌，比喻千百樣女人。詩人結論是「水的別名／是女人」，這也是「習慣意象」（即現成意象）。而所有的男人碰到的都是「如水的女人」，為什麼會有「獅吼」呢？

男人和女人的關係極詭異，找不到任何一男一女有「永久性的愛」。愛情極短暫，不可能有持久性，有了婚姻就失去愛情（只剩恩義、責任）。二十世紀法國最有影響力、最富魅力和個性的女作家莒哈絲（Marguerite Duras），在她的作品裡這麼說：「男人一生真正的伴侶——真正的知己——只可能是另一個男人。在雄性世界裡，女人在他方，在男人偶爾會選擇去跟她會合的世界裡。」（註⑤）從現實的塵世經驗觀察，「現象」的普遍性，似乎已足以建構「理論」。男人和女人的「物質屬性」本來不同，正負各居一方，只有磨擦才生電，閃出極短暫「愛的火花」，呈現一種短暫的正反、離合關係。明天是離是合？誰也不敢保證，日本吹起一陣「老人離婚潮」，正吹向台灣，另一種「有條件式婚約」正在流行呢！

第三段「合」，男人或女人，終其一生必然有接觸、碰撞等種種不同程度的「離、合」關係，爆發出不同劇情的悲喜劇，有的還是慘劇，而且慘劇越來越多。不久前在台大校園和幾位年輕人閒聊，他們說未來抱持「三不原則」，即「不談戀愛、不結婚、不生小孩，其他做什麼都可以。」但我相信，絕大多數男女抗拒不了生物本能的需要，男生愛女生，女生愛男生，仍然是人類這物種的自然法則，更是基本需要。且看女詩人說法，怎樣「合」起來？

「柔弱的水緩緩流經／堅硬的石」。無論多麼強硬的男人，一個溫柔的女人通常有辦法使他「軟化」，這是常識。「輕撫粗糙的臉／低語中／夾雜細碎嬌笑／偶有極微的啜泣」，溫柔加智慧，可使「嬌笑」和「啜泣」，成為女人手上無形的倚天劍和屠龍刀，還要一點時間……

「屹立的石　不為所動／春去春來／歲歲年年」。男人似乎仍不動心，抱持「三不原則」（如前），堅持此生為革命大業而來。溫柔的女人不恢心，善用政治謀略「溫水煮青蛙」，「柔弱的水　柔弱依然／那英姿勃發的石啊／那孤傲堅毅的石啊／削弱了雄壯／磨平了粗獷」。這就像康德的「二律背反」（見前表），宇宙間的質、量、關係、形態都是矛盾的，但矛盾可以化解，到黑格爾的「三位論」，矛盾兩方各有昂揚、拋棄、妥協，乃能克服矛盾，向「合」的進程發展。如今，男人的壯志被女人削弱，尖銳的性格也快被女人磨平了。

終於，「嶙峋崢嶸呵／豪邁頑桀呵／不復再見／柔弱的水緩緩流經／曾是堅硬的石」。男人再也不去革命了，個性也平和了，天天倒在女人懷裡，女人完全擁有她的男人，男人也完全擁有他的女人。論證了康德、黑格爾等學說，證實老莊說的「柔弱勝剛強」，也像非洲草原獅虎羊的「人類退化版」。人類社會、歷史，宇宙間萬事萬物，就在這正反合辯證過程中，忽而進化，忽而退化，相信有一天會進昇到一個真善美的境界。

現在賞讀一個無解的習題〈無題〉。（註⑥）

走了？
你用狐疑在臉上畫出問號
走了！
我用感嘆給你一個肯定
一千多頁日曆　換來數不清

黏黏稠稠的記憶
你說別離難　難捨舊情
我說相見難　難逢舊友
你堅持不讓步
我決定不妥協
為的是
讓爭執凍凝別離的憂傷

你知道我瀟灑的背包裡
裝滿無奈
我明白你爽朗的嘴角
掛著苦笑
於是我們說
相見時難別亦難
最難更是

從這次離別後
到下次相見前

這是康德的「二律背反」，兩個矛盾的宇宙，「正」和「反」之間沒有「蟲洞」存在，故到目前為止仍無溝通或妥協的跡象。正反兩方「你堅持不讓步/我決定不妥協」，只好讓矛盾持續下去，「統一」則遙遙無期，天作之「合」看來沒機會了。在現實人生各領域，有很多這種對立情境。幸好詩意並未絕望或說不可能了，至少末句「到下次相見前」，相見雖難，還有萬一，萬一相見了正反又爆出火花，即可能完成「正反合」歷程，這是詩人留下的伏筆。

這首詩也充分運用矛盾衝突意象，建構詩語言的張力，讓相對概念產生拉扯的動力。例如，我用「感嘆」給你一個「肯定」、「瀟灑」的背包裡裝滿「無奈」，「爽朗」的嘴角掛著「苦笑」等，均見詩人對文學語言的運用，是很有功力的。

## 小結

千古以來的兩性在正反離合間糾纏，關係永遠說不清，詩述無盡，文章寫不完。個體心理學創建者阿德勒（Alfred Adler, 1870～1937），認為愛情和婚姻是社會工作，婚姻是為了種族的繁衍。（註⑦）阿德勒的理論認為，人類一切行為都源自「自卑情結」，他創建了以「自卑情結」為中心思想的新心理分析學派，詮釋人類一切行為都因「自卑感」及對自卑感的克服。當然就包含兩性關係，男女的愛不愛關係自卑感是一股原動力，這個理論至今仍可讓有情男女啞口無言。是故，用阿德勒的「自卑情節架構」，分析曾美霞〈石與水〉、〈無題〉等作品，定是另一幅「奇異的風景」。

詩人也好，心理學家也罷，對於「人」這個物種的研究論述，相信還有太多的「秘密」尚未解開。現代最先進的腦科學家就說，人類對腦部的運用才一成，尚有九成是「未開發區」，若是，則〈石與水〉、〈無題〉詩中還有多少尚待解開的秘密。所有的讀者，包含筆者寫了這一大堆所謂的「賞析」，定然也都是不完全的，難窺全部真相。就拿《金剛經》做擋箭牌吧！說是賞析，即非賞析，是名賞析。

宇宙間的正反合辯證進程，永遠沒有終點（就算有也無人可以看到）。男人和女人的正反合辯證亦永不休止，我們每天生活都會碰到。未來社會同性戀會越來越流行，加上男男正反合，女女正反合；還有，人工智慧若真出現了，又有機器人正反合、人機正反合……這世界將如何？

## 註釋

①本文所引康德等各家思想，參考下列各書：薩孟武，《西洋政治思想史》（台北：三民書局，民國六十七年六月）；國防部印行，《共黨理論批判》，七十三年七月，各相關章節。

②陳仲義，《現代詩技藝透析》（台北：文史哲出版社，二〇〇三年十二月），第三十七章。

③方莘（方新，一九三九年－），藍星詩人。〈無言歌：水仙〉取自網路，另參閱註②書。

④曾美霞，〈石與水〉，《山動了》（台北：文史哲出版社，二〇〇三年十一月），頁二六－二九。

⑤瑪格麗特．莒哈絲（Marguerite Duras）著，繆詠華譯，《懸而未決的激情：莒哈絲論莒哈絲》（台北：麥田出版，二〇一三年七月），頁一七〇。莒哈絲一九一四年生，一九九六年逝於巴黎，她著作等身，一九八四年她以《情人》獲法國龔古爾文學獎，暢銷世界各國，《情人》成為普世皆知的浪漫傳奇。

⑥曾美霞，〈無題〉，同註④書，頁七二－七三。

⑦阿德勒（Alfred Adler），葉頌姿譯，《自卑與生活》（台北，志文出版社，民國七十三年元月），

頁一八三－一八四。阿德勒是二十世紀歐洲最著名的心理分析學家，一八七〇年生於奧國，一九三七年病逝於蘇格蘭。他本來是佛洛依德的忠實信徒，一九一二年和佛氏分道揚鑣，自創一派「個體心理學」。他的思想以「自卑情結」為中心，認為人類一切行為都源出「自卑感」及對自卑感的克服，當然也包含兩性關係，男女不論愛不愛？如何愛？都根據自卑感和對自卑感的克服。直到廿一世紀的現在，若用阿德勒理論分析兩性關係，相信很多有情男女依然「啞口無言」，乃至萬分驚恐、不自在的反問「我自卑嗎？」。阿德勒作品尚有《自卑與超越》、《人性的研究》、《個人心理學的理論與實驗》。

# 第六章　愛是一只玻璃娃娃，一碰到就碎

在兩性關係的世界裡有個說法，謂「男追女隔座山、女追男隔層紙」，大家都知道什麼意思。可以這麼「假設」，一個美女主動向男士示意（假設示意願意和男士上床），沒有一個男人能夠抗拒，這是合理的推論邏輯。當然，這只是假設的「命題」，還不知道有多少「普遍性」。

詩壇上很多人知道，「孤獨國」國王、大詩人周夢蝶喜歡才女，若是才女兼美女就更讓他眉飛色舞。他在《化城再來》紀錄片裡，提到他和作家三毛的故事。某日，他和三毛相談甚歡，不覺已到晚上十一時，三毛的母親下逐客令，周夢蝶起身要離去，三毛堵住門口不准他走。兩人僵持一陣，三毛終於開門，大詩人奪門而出時，還聽到三毛砰然巨響的摔門聲……（註①）

如何解讀三毛的「示意」？留給讀者去自由心證，我就不多做文章。但筆者不得不

說一聲「佩服」，他竟能抗拒雄性物種最不容易過的關卡，何況他大陸娶親，在台則始終保持獨身。周夢蝶也有他的愛情，是「精神層次的愛情」，愛情洋溢在他的詩句中，「孤獨國」的雲端，虛幻的、不存在的。

假如所有的男生都是周夢蝶，我相信世界上再也沒有小說家，全世界的電視也不演連續劇，甚至所有文學作品、藝術品都不產出了，因為沒有精彩的兩性「正反合辯證」永不休止的演出。

所以真實世界的兩性關係極為精彩，那是真實的社會，真實男人和女人，真實的人生。兩性在愛與不愛的離合進程中，充滿著欺騙、懷疑、貪婪、偷情、外遇、出賣、背叛……當然包含愛的堅持、絕對佔有，導至在現代社會「小王」和「小三」的市場佔有率極高。這些也成為小說家的基本素材，把人類的罪惡，重組加包裝成為「價值」不錯的文學作品。而能夠達到多高的價值（如成傳世經典），就看作家的功力了。

我所研究的這位女作家對現代社會兩性關係的觀察、描述，就有不凡的功力，證據在她出版不久的小說，《消失的紫：曾美霞短篇小說集之二》。（註②）篇篇都精彩，篇篇都是現代兩性關係大鬪法的奇謀演義。

〈比馬龍〉，周峰和方芃夫婦，小護士張盈（周峰的小三）、書呆子李立中（方芃的精神外遇者〉，幸好最後知錯能改，圓滿和解。

〈沙茶火鍋〉，政熙和湘怡小倆口；〈消失的紫〉中孟迪和夏耘；〈人格者之怒〉一文討論男人的自慰行為，都是引人入勝之作。

〈有力的電話〉，趙玲、羅文倆口子，最能彰顯現代婚姻的「過度敏感症」。只要有一通女生電話打給先生，太太便啟動全身「薩德偵搜系統」；反之也差不多（男生較不那麼敏感），對雙方感情都是無形破壞。

〈還是被騙了〉一文寫得最好，讀者情緒隨文起落，到最後再來個大翻轉。〈飯店的老闆娘〉寫得最絕，〈那不停的嗡嗡聲〉，在愛倫坡小說〈黑貓〉有類似情境。〈拔了羽毛的孔雀〉複製了一則新聞，「狠妻剪男根、醉夫成太監」，何宜靜剪了張仲白的根……

一切不都是「小王」和「小三」惹的禍嗎？老婆成了人家的「外婆」外面的老婆，老公成了人家的「外公」外面的老公。到底要怎麼辦才好？永遠沒有完善的方程式可推出答案，只有作家在書的封底內摺頁有提示性反思：「當愛情遭到背叛，該忍氣吞聲還是強力反擊？夫妻該全然互信，還是各取所需？女性該自主，了斷舊情獲新生，還是該包容寬恕再續前緣？」（註③）其實現在已不光是女生反思這些問題，男人碰到的越來越多了，女人的背叛、欺騙，先把男人賣了，人人自危啊！

本文先做前面的提示，只為釋題，現代社會所謂「多元」發展的結果：愛是一只玻璃娃娃，一碰就碎。

美霞除了小說創作，她的詩也善於捕捉兩性關係的種種詭異風景，反思現代社會有情男女的愛，為何如此瘋狂？為何如此像那情報與反情報單位的「地下工作」？又如此的易碎！像一只玻璃娃娃。賞讀〈圓〉。（註④）

想畫個圓
單腳的圓規
尋覓、等待、終於
找到另一半
以共同的誓言為圓心
以不同的原則為半徑

畫的是同心圓
也許不完美
至少能包容
如果不想調整半徑
可以堅持各自的原則
如果無法固守誓言
就該把圓心移到遠方
因為三個交錯的圓
只會互相切割
使每個圓
支離　破碎

「以共同的誓言爲圓心／以不同的原則爲半徑」，這是有情男女幸福美滿的象徵，這是「理想狀態」，換言之也是「精神層次的愛情」，詩語言的境界。在真實世界裡，兩人不可能「畫的是同心圓」。為什麼？很簡單的道理，每個人都是獨立的個體，每個人都有不同的思想性格和行為模式，這就是所謂「一花一世界、一葉一如來」。但人都是有夢最美，理想、完美，追求有錯嗎？

按詩意，詩人應該是「務實的理想主義者」，雖畫同心圓，「也許不完美／至少能包容」。婚姻專家講過最「美」的語言是：「結婚不是1加1等於2，而是0.5加0.5等於1」，這真是最務實的完美，筆者多年來也曾協助處理朋友的婚姻，最常聽到的一句真言是：「夫妻要給對方空間。」然而，人人會說，人人做不到，婚姻專家也離婚了！

確實，有情男女有了另一半，什麼都要求合、求同、求統一，要同心圓，雙方都將失去生存「空間」，很快婚姻就維持不下去。

詩人的觀察很入微，論述很現代，建議夠開明。「如果不想調整半徑／可以堅持各自的原則／如果無法固守誓言／就該把圓心移到遠方」。這詩意何在？翻成散文語言說清楚，如果夫妻或戀愛中人，到了不能妥協、溝通的地步，勉強相處很痛苦，甚至危險，就該思考分手，距離除了是美感也是安全。「圓心移到遠方」，大家離得遠遠的，以策安全，各方才有機會再找到自己所愛的人。

有情男女的離合多是和第三者（小三或小王、外公或外婆）有關，要合難要離亦難，這是一種危險情境。「因為三個交錯的圓／只會互相切割／使每個圓／支離　破碎」，

三方都深受其害，只有新聞記者獲利，因為你們也創造了頭條新聞。賞讀〈泛黃的話匣子〉。（註⑤）

掀開被記憶塵封的話匣子
銹了發條的音樂不成調
一逕伊唔

泛黃的相片
是署名影中人的小黃帽
敘述的童話

泛黃的信紙
是簽著知名不具的船型帽
訴說的神話

泛黃的日記
是自稱 Only you 的大方帽
傾吐的情話

至於那
泛黃的喜柬
是兩姓共同具名的雙方
傳佈的
所謂的
佳話

泛黃的淚珠滴落
銹了發條的伊唔
變成一逕的吶喊
謊話　謊話

## 謊話

一個女子到了晚年，回憶（檢討）這輩子愛的歷程，總結竟是「謊話　謊話／謊話」。這確實可以讓讀者揮灑一海同情的熱淚，她一定曾遭受過背叛、出賣……這負心的男子是誰？可能是一個或好幾個！整首詩回顧自己的感情世界，有如小說中的情節。

啟動回憶的話匣子，古早古早的時候，初戀的情人署名影中人，他戴著小黃帽，如童話世界般美好。

稍長，他戴著船型帽，一封封情話綿綿，如今回顧，全是一派神話，包含後來他在日記裡寫的情話，也還是謊話。兩姓聯姻印的喜柬，「傳佈的／所謂的／佳話」，如今思之，那是佳話？

經歷如是一生，確實是一種痛苦，「泛黃的淚珠滴落／銹了發條的伊唔／變成一逕的吶喊／謊話　謊話／謊話」。詩人觀察有感，筆者經歷所見，乃至一些專家所述，目前的兩性世界（以台灣社會為觀察對象），幾可肯定的說：「愛是一只玻璃娃娃，一碰就碎。」假設把人類的愛簡略分三大領域：愛情、友情、親情，則三大領域的愛皆如一只玻璃娃娃，一碰就碎。台灣社會為何如此？本文結論略述，先賞讀〈愛神的翅〉一詩。

（註⑥）

曾經　相知相憐
何時　竟成陌路
我心不渝　他已遠颺
低語仍在耳際縈繞
眼裡滿是我　心裡滿是我
而今冷言如酷霜
緣盡情已了　何必再相見
啊　愛神
我殷殷的盼　切切的等
奈何
祢姍姍的來　又匆匆的走
任我聲聲呼喚　淚眼血紅
總喚不回　尋不著

邱比特　我終於知曉
祢那美麗的雙翅
不是為了儘快降臨人間
只是想要急急飛離凡塵
因祢羞見兩足的
善變的動物

兩性感情世界不論「劈腿」也好，背叛欺騙也罷，除了傷到某人的心，是否算是一種「罪」？或「不道德」等。是沒有可以客觀評論的。就以婚外情（外遇，不論男方女方），西方各國大概已全部「除罪化」，大陸亦是，只有台灣和回教國家還認為在法律上是「罪」。假設，全部都「除罪化」，至少也涉及「道德」問題，只有「愛神」認為無關道德，就是〈愛神的翅〉詩中這位愛神。

希臘神話有很多女神，如天帝宙斯的妻子天后希拉、月神黛安娜、智慧女神雅典娜、九位藝文女神謬思等，個個都是美女。然而，最美的是愛神維納斯。古希臘思想認為美是「最高道德」，不美幾可等同「不道德」，這和吾國「止於至善」思維完全不同。維納斯的美讓她有很多愛情事件，可以愛其想愛，完美「除罪化」，無關道德，「止於最愛」乃美女的特權。

維納斯也有個老公，是火神黑菲思特（Hephaestus），但不懂得憐惜妻子的美，維納斯就不斷有婚外情，她有個兒子是長翅膀拿弓箭的「小愛神」，叫愛勒斯（Eros）（註：這位愛勒斯，等同羅馬神話中的邱比特Cupido，母親也是愛神維納斯）。凡是被小愛神弓箭射中，就慾火焚身，不能克制。小愛神的實際定位是「性慾之神」，但民間習俗往往不分，把愛勒斯（邱比特）也當愛神。

略說愛神背景，或許有助於賞讀〈愛神的翅〉一詩，多理解一些弦外之意。但邱比特會對人類的兩性感情中的劈腿、背判行為，有所輕視或批判嗎？「祢那美麗雙翅／不是爲了儘快降臨人間／只是想要急急飛離凡塵／因祢羞見兩足的／善變的動物」。我以為邱比特是不會的，這是詩人對善變、不忠者的批判。

邱比特為什麼不會批判人類的劈腿不忠等，道理很簡單，希臘神話裡的眾神，比人類還亂。天帝宙斯的亂倫、婚外情，書之不盡，其他諸神乃至邱比特的母親維納斯皆是，一切就是愛，無關道德。

但神由人創造，不論東方、西方或任一方，只要是「神」（含任何信仰稱謂），全是人創造出來的，有的是人死後加封的。故「神話」的本質即「人話」，神話世界的愛慾、忌妒、報復、離合和恩怨情仇等，本來就是人類社會的實況，人性的真相。愛是一只玻璃娃娃，一碰就碎，證據無所不在，詩人隨意等一班公車，台北街景亦是證據。賞讀〈等一班公車──台北街景〉。（註⑦）

春日　等一班公車

節氣正值雨水之後　驚蟄之前
路樹嫩葉吐綠　分隔島百花怒放
稚嫩情侶甜蜜依偎　無限浪漫

一通簡訊強行介入兩人世界
甜蜜的呢喃變成憤怒的哭泣

男孩說
情人節過了　花謝了　巧克力吃了

至於愛情呢　老去了
女孩說
夏天相識　秋天相戀　冬天相許
才迎來我們的第一個春天
男孩說
春天繽紛　分手不會覺得孤單

在這樣的節氣等公車
雨水讓人眼淚止不住　如春雨綿綿
驚蟄始雷　驚醒了冬眠的脾氣
萌發了新念頭　花心如蛇蠢動

春日　雨水之後　驚蟄之前
等不來一班公車
卻等來一幕青春舞台劇

似乎不管走到那裡，所見所聞，依經驗觀察，愛是一只玻璃娃娃，一碰就碎，親情友情愛情諸領域皆是。若有人覺得本文過火，不妨注意新聞，殺父殺母、兄弟互殺、夫妻相害……逆倫慘案……戀人劈腿命案等，無窮暴力天天上演，離婚率看漲，小三小王文化流行。「**是錯誤造成姻緣／還是姻緣造成錯誤／扮一次無心的第三者／擔一生永遠的如夫人**」。（註⑧）惟尚待進一步觀察實證者，這種愛的破碎現象，到底有多少普遍性？全世界都如是嗎？相信各國、各民族應有很大差異，而詩人所見只是針對台灣這種社會的感慨吧！

## 小　結

到底為什麼？愛成為一只玻璃娃娃，一碰就碎，以前不是這樣的。才不久以前，不過三四十年前吧！那時台灣社會還是重視人倫道德，重視四維八德，一男一女結成夫妻組成家庭，重視家庭倫理，甚至年輕人懂得「戀愛倫理」。曾幾何時！這些美好的中華文化傳統，因政客鬥爭，搞「去中國化」，已被鬥臭、醜化。現在更進一步要廢除各級學校高懸的「禮義廉恥」，要打倒孔子，要鬥爭媽祖，台灣社會的愛要碎成什麼樣？社會退化回到原始狀態的禽獸社會？

當然，一個社會的腐化、惡化，必有內外各種原因。基本上民主、人權和資本主義是「同一掛的外在因素」，這些似是而非的詭論被政客操弄成「全球化」，則全球大環境必走上倭國學者所說「M型社會」和「低IQ時代」，已是必然。台灣社會在這種內外逼迫，如美霞所述「失去春秋」，「季節，只剩極寒與酷熱。人與人之間沒了中間的緩衝地帶，各自執著於兩個極端，親人不是冷淡就是暴戾，情人不是無語就是爭執，路人不是漠然就是喧囂。」（註⑨）這正是典型的「M型社會」，一切都在兩極對決，而以暴力完成正反之「合」。

小心，這年頭，愛是一只玻璃娃娃，一碰就碎。因此，只要眼前有一點點的愛，那怕是一點點的愛，也要好好把握珍惜！

## 註　釋

①《聯合報》，二〇一四年五月二日，A3版，記者周美惠報導。

②曾美霞，《消失的紫：曾美霞短篇小說集之二》（台北：文史哲出版社，二〇一六年九月）。

③同註②。

④曾美霞，〈圓〉，《山動了》（台北：文史哲出版社，二〇〇三年十一月），頁三四－三五。

⑤曾美霞，〈泛黃的話匣子〉，同註④書，頁四六－四七。

⑥曾美霞，〈愛神的翅〉，同註④書，頁九四－九五。

⑦曾美霞，〈等一班公車——台北街景〉，《華文現代詩》第六期（台北：文史哲出版社，二〇一五年八月），頁八一。

⑧曾美霞，〈懷思——敬悼陳徐瑟女士〉部份段，同註④書，頁一〇二－一〇九。

⑨曾美霞，〈失去春秋〉，《華文現代詩》第十期（台北：文史哲出版社，二〇一六年八月），頁一六七。

# 第七章 悲憫同情・倒置換位・趣味巧思

美霞姊的現代詩作品，並非「長江黃河」鉅作，人生或兩性火花小品居多，部份也涵富趣味巧思。如〈女王與神女〉、〈倒立〉或〈跌〉等，而〈女王與神女〉和〈倒立〉則頗俱詩人的悲憫同情之心，前者更為最，故先談談「神女」這個角色。

「神女」即妓女，在東西方文化裡都是社會底層最低賤的人物角色。中國文化裡，除《李娃傳》批判了儒家倫理，歌頌娼妓文化，其他未見以妓女為對象的藝術作品可成傳世經典。

西方文化似乎對妓女有較多的悲憫看待，從法國巴黎奧賽美術館（Musée d'orsay），看兩位近代印象派大師畫家，一生為妓女作畫，經典無數。奧賽美術館是法國最有代表性的近代藝術博物館，主要收藏從一八四八到一九一四年的繪畫、彫塑等作品。位於賽納河左岸，和羅浮宮斜對，隔河和杜伊勒里公園相對，原是一九〇〇年的火車站，後改成博物館，今年（二〇一七）正是該館的建館三十週年大慶。

第一位介紹竇加（Edgar Degas），一八三四年七月十九日生於巴黎一個富裕之家，一九一七年九月二十七日逝世。他是浪漫主義畫家、彫塑家，印象派藝術大師，他長達五十年的創作主要以「裸女」為主題，分芭蕾舞娘和妓女兩個系列。妓女畫作方面，「裸女」均非學院式的模特兒時尚之美，而是妓女洗澡、擦拭下體、腋下、兩胯等，最不堪入目的私密動作，畫家的動機是什麼？

西洋美術始終以「裸女肉身」做功課，但學院對裸女有固定模式，久而久之，成為教條或虛偽，藝術中的肉身失真，失去感動力，可能就是文學所說的真性情。因此，竇加放棄高貴的模特兒肉身，專注於妓女的肉身，他似乎覺得藝術不外吃喝拉撒，透過妓女的肉身還原某種生活的常態。竇加對妓女長達五十年畫作，開創對女性肉身的新觀察，為歷史樹立新的藝術標記。

第二位要介紹是羅特列克（Toulouse Lautrec），一八六四年十一月二十四日生法國貴族之家，一九〇一年九月九日逝世。雖出身貴族，因殘疾變成侏儒，他極度自卑下自我放逐，浪蕩在「紅磨坊」（Moulin Rouge），當時的紅磨坊是個歡場，脫衣女郎也兼職妓女，羅特列克和她們朝夕相處有了相知相惜。久而久之，解脫了性別、貴賤、貧富、尊卑的分別心。他近身觀察到妓女最難堪、最真實也最感動的一面，他好像要把骯髒低賤畫成另一種人性中的尊貴。他也是印象派畫家，在法國近代藝術史上素有「天才侏儒畫家」美稱。

但我相信，竇加與羅特列克必然以悲憫之情懷，看待妓女這樣的人，如佛看眾生，眾生皆有佛性。確是，以悲憫觀之，妓女行為就是另一種「肉身供養」。（註①）他們的作品才成經典，典藏於國家級美術館，台灣的美術館會收藏這樣的美術作品嗎？

人類的悲憫情懷是相通的，不分種族地域，不分藝術文體或表達形式。蔣勳提到中國近代文學寫妓女最上乘是沈從文，他寫辰州河岸吊腳樓或船上做水手生意的妓女，寫躲在船尾農村來的丈夫，等妻子接客完畢，平淡談一談鄉下家事。沈從文的人性悲憫是可以和竇加對讀的。（註②）曾美霞〈女王與神女〉要與誰對讀？賞讀這首詩。（註③）

她粧扮起來
迎向一群群興奮的人們
從日出到日落
張開雙臂　接受歡呼

賓客來時　她微笑
真誠　或無意識
已然厭倦卻　不容厭倦
日落卸粧　她解衣
把小心珍藏的
向唯一的他　展露

她粧扮起來
迎向一張張興奮的面孔
從黃昏到清晨
張開雙臂　接受歡呼
賓客來時　她解衣
真誠　或無意識
已然厭倦卻　不容厭倦
清晨卸粧　她微笑

把小心珍藏的
向唯一的他　展露

第一段寫的是無上尊貴的女王，身為女王的一天是怎樣過的？「她粧扮起來／迎向一群群興奮的人／從日出到日落」，女王很忙，一早打扮好自己（宮女幫她粧扮），她要參觀、訪問，接見國賓，迎向一群群興奮的人們，他們崇拜女王，或居於外交禮節，有關單位自然會安排一群「興奮的人」，迎接女王，讓女王彰顯尊貴，日出到日落，一場接一場大典要舉行。不斷接受歡呼，也不間斷的要面帶微笑！微笑！身為女王，臉上永遠只有微笑，不能有別的表情。

「真誠　或無意識／已然厭倦卻　不容厭倦」，日日月月年年，都要重覆做相同的表演，人的真誠微笑有可能無限期維持嗎？很快就會變得無意識，行禮如儀，乃至厭倦。但，女王不可厭倦，人民需要她，國家需要她，每天仍要做很多身不由己的無聊事。

「日落卸粧　她解衣／把小心珍藏的／向唯一的他　展露」。不論女王多忙！總該有下班的時候吧！晚上把粧卸了，衣服脫了，把小心珍藏的愛，向唯一的他展露。這個「他」一定就是女王的老公「王夫」。

第二段寫的是神女（妓女），她的上班時間和女王顛倒。「她粧扮起來／迎向一張張興奮的面孔／從黃昏到清晨」，妓女得自己打扮，迎向一張張興奮的嫖客，從黃昏到清晨。很辛苦，為了生活等各種原因，只好下海了！客人來了，她解衣，這是一筆小生意。

「眞誠　或無意識／已然厭倦卻　不容厭倦」。相信沒有一個女人是生來自願當妓女，在印度有很多是被父母賣掉的，且為數很多又很普遍，政府也管不了。（二〇一七年四月九日的新聞報導）。因此，她早已厭倦，但不容厭倦，她若不接客，極可能小命亦不保，這世界真的很不公平、很顛倒！很黑！

「清晨卸粧　她微笑／把小心珍藏的／向唯一的他　展露」。清晨她接完最後一個客人，卸粧下班，開心的把小心珍藏的愛，向「唯一的他」（男朋友或老公）展露。能如是者，真也算「幸福」，因為很多被迫的妓女（第三世界最多），都是被黑暗勢力控制，日夜接客，她們求死不能，生也痛苦，真的活在水深火熱中，而政客忙著鬥爭搞錢，從不正視這些問題。

仔細賞析，並深入理解詩意內涵，吾以為美霞姊這首〈女王與神女〉，隱涵很高的人道主義精神，悲憫情懷深值闡揚：㈠讓神女和女王同台論述，等於從眾生平等的胸懷出發，神女和女王也可以「平起平坐」，打破尊卑貧富的分別心，回歸到同是「人」的本位。㈡神女和女王的工作有巨大的反差，女王高高在上，神女卑微在下。詩人應是有意提醒世人，世上還有一群可憐的女人。㈢不論女王或神女都是女人，都要在某一時候，卸粧解衣，面對他的男人。這是否暗示說：晚上脫了衣服所有女人都一樣？讀者以為呢？

總結這首詩所表達，彰顯詩人的悲憫情懷，直可與竇加、羅特列克和沈從文對讀。作家、詩人和畫家，以不同的形式和素材進行藝術創作，發表他們不同形式作品。惟其悲憫、人道精神不二，高度一致。〈倒立〉一詩倒置換位的思想高度，極具巧思，趣味十足，賞讀全詩。（註④）

妳總是說我窮
妳總是說我醜
親愛的相信我
世界會改變
只要跟我一起來倒立

雙手撐起地球
星星就在腳下
瓜田儘管納履
李下何妨整冠
說什麼頂天立地
我能把天地調換
說什麼春去秋來
我能把時序扭轉
妳的秀髮既無法披肩
他的長袖又怎能善舞
富翁的口袋將不再麥克
窮人的阮囊又何必羞澀
親愛的不要走
請妳說說為什麼
妳的拒絕還沒有變點頭

即使在反常的那片刻

有史以來，敢說用手舉起地球的人，曾美霞是第二名。第一名是二千多年前古氏臘大科學家，阿基米德（Archimedes，前287～前212，出生在今南義大利西西里島）。他的傳世名言是：「給我一個支點，我能舉起整個地球。」他是數學家、物理學家，更是天文學家，他的發言是根據科學知識。

詩人雙手撐起地球是按「倒立」看世界，一種換位思考，乃至是「同體共生」的平等觀。但文學詩歌的技巧，常在正常秩序的倒置，創造顛倒意象，把詩文學推向更廣闊的天地。詩評家研究羅門善於思維「倒置」，如下的名句：（註⑤）

克勞酸喝得你好累
咖啡把你沖入最疲憊的下午　　〈曠野〉

他不走了
路反過來走他

城裡那尾好看的周末仍在走　〈車禍〉

天空不穿衣服在雲上
海不穿衣服在風浪裡　〈逃〉

〈曠野〉是主動者和被動者的顛倒；〈車禍〉是相對運動的顛倒，流動路面和車禍死者的對照；〈逃〉則是大小的類別，詩人故意歪曲大小關係，讓小的容納大的。凡此，創造一種離奇意象，破除正常習慣，產生新的創意。如〈倒立〉一詩中「妳總是說我窮／妳總是說我醜／親愛的相信我／世界會改變／只要跟我一起來倒立／雙手撐起地球」。確是，只要一倒立，換位思考，一切全改變了，窮的不窮，也許變富；醜的不醜，也發現另一種美。何況，地球都能舉起，還有何事能為難你？無形中自己的信心壯大，也會發現自己了不起之處。

佛法常用「顛倒」做比喻，以示破除分別心，強調「同體共生」的平等觀，即說佛法不二，眾生即佛，佛即眾生，貧富一如，大小一如，動靜一如，這是很高的境界。吾國南北朝時代傅翕居士〈顛倒〉一詩。（註⑥）

空手把鋤頭，步行騎水牛；
人從橋上過，橋流水不流。

「**空手把鋤頭，步行騎水牛**」，即是空手，怎又拿著鋤頭？即是步行，怎說是騎水牛？那是人有了分別心，以為二者要區隔對立，只能一個存在。「人從橋上過，橋流水不流」，又與常規顛倒，應該是水流才對，這裡是要調合「動」和「靜」一如，是一回事，是統一的，不要分別對立。這是從思想意涵來說，從詩學看就是新意象、新情境的創造，只要「心」的改變，整個世界就變了，「**說什麼頂天立地／我能把天地調換／說什麼春去秋來／我能把時序扭轉**」，除了思想高度，文學創意也充滿巧思的趣味性，可以有很多層次的閱讀和賞析。

如〈女王與神女〉、〈倒立〉，在詩學上因破除了分別心的對待，讓尊卑、大小、貧富、有無，全部平等，亦是一種奇景境界，所謂意境由此而生。中國人的文學觀、心靈世界，「天地與我並生，萬物與我齊一」、「獨與天地精神相往來」，這幅圖像正是詩人人生哲學之極境。這不單單是文學詩藝的素養，若不經歷數十年人生智慧和生活經

驗，也還難以呈現這種高度的詩作。另一首〈跌〉，寫人們「跌」入愛河的感覺，甚為真實的「無辜相」也很有趣，（註⑦）

如果你跌過
就懂得那感覺
真正的跌
突如其來　非你所願
預警無效　防備不了

進入河的方式很多
走入一條河　我瞭解
跳入一條河　我清楚
只有一種叫人不明白
跌入愛河　我茫然無措
我茫然無所措

你可以嘲笑
但不能責怪
你可以妒羨
但請別辱罵
跌入愛河　我懵懂無辜
我懵懂又無辜

美霞詩的構句造詞有兩個特色，在各章所舉作品都常見。一是透過相對概念製造反差效果，讓正反拉大距離產生張力，如這首〈跌〉「可以……不能」、「可以……請別」；〈女王與神女〉「已然……不容」。二是層層強化，加強語氣，讓詩意產生動力，「我茫然無措／我茫然無所措」、「我懵懂無辜／我懵懂又無辜」。凡此，一種巧思，吸引人來看她的「無辜相」的趣味十足了！

## 小結

回到「神女」身上，並放兩張竇加和一張羅特列克的「神女畫」，讓我們再次反思這人世間的問題。

這幾幅畫作可以放在巴黎奧賽美術館，相信再轉用本文做為結語。（註⑨）是否衝擊到讀者的「道德標準」，吾不得而知！因為從你的很睛看出去，這到底是「下流不堪」或是「肉身供養」？唯汝自知。

羅特列克神女畫〈廁所〉，資料來源：同註⑨

所謂「三界唯心，萬法唯識」，萬事萬物之正邪好壞都在一心念之間。星雲大師講述兩位禪師對這問題的對話。（註⑧）洪州（江西）嚴陽山的新興院齊禪師，是清涼文益禪師的法嗣。

某天，有位學僧前來請示新興院齊禪師：「請問老師，如何得以超出三界呢？」

禪師幽默地反問學僧說：「你相信有這種事嗎？」

學僧說：「我當然深信，請求老師慈悲開示。」

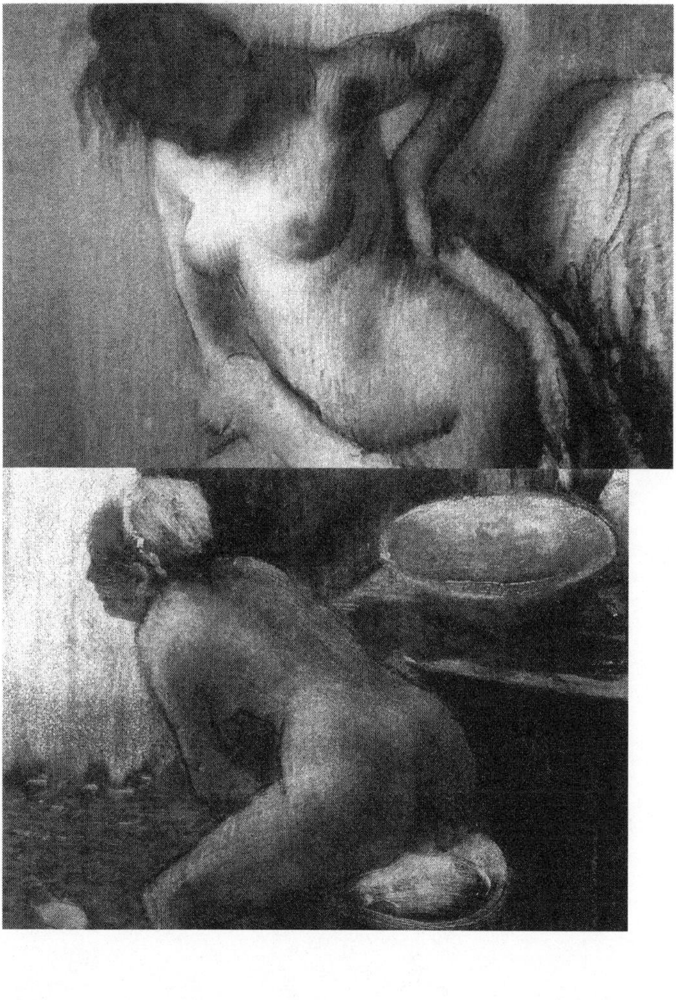

竇加神女畫，上〈浴室的女人〉、下〈拭乾身體的女人〉。資料來源：同註⑨

禪師開示：「依此信心，即可貫古通今，識得自己的本來面目，何必多此一問，猶豫不決？」

學僧一聽，啞然無語，只是呆立著。

「要出三界，三界只在於這一顆心！」禪師說完，便轉身而去。

三界是眾生所在的世界，分欲界、色界、無色界。超出三界是要超越輪迴之苦，但「三界唯心、萬法唯識」，三界中的一切都隨心所現。故《大乘起信論》才說：「心生則種種法生、心滅則種種法滅」。我們這顆心要如何修？才能不迷失！才能顯現自己的佛性，破除分別心是很重要的開始。破除貧富分別心，你就不會「狗眼看人低」；破除大小分別心，你就不會「看上不看下」；破除女王和神女的分別心，你的悲憫情懷，便與沈從文、竇加、羅特列克，乃至與佛接心了！

在佛教的《華嚴經．入法界品》中，一位佛教青年受到文殊菩薩的啟發，參訪五十三位善知識，對象有菩薩、國王、比丘、比丘尼、企業家……乃至妓女、主婦等。（註⑩）從佛眼看出，眾生無差別，妓女和國王等，都同受尊重，同體大悲。〈女王與神女〉一詩，看見了無分別心的悲憫情懷。

## 註釋

①蔣勳，《肉身供養》（台北：有鹿文化事業有限公司，二〇一三年十一月）。本文竇加和羅特列克資料參考該書，另參網路資料。

②同註①書，頁一五三。

③曾美霞，〈女王與神女〉，《山動了》（台北：文史哲出版社，二〇〇三年十一月），頁五〇－五一。

④曾美霞，〈倒立〉，同註③書，頁六二－六三。

⑤陳仲義，《現代詩技藝透析》（台北：文史哲出版社，二〇〇三年十二月），第九章〈顛倒〉。

⑥傅翕，生於南北朝魏明帝建武二十一年（四九七），卒於齊後主天統五年（五六九）。字玄風，號善慧，浙江省義烏市雙林人，梁朝著名居士，世稱傅大士、善慧大士、雙林大士。

⑦曾美霞，〈跌〉，同註③書，頁六〇－六一。

⑧星雲大師，〈三界唯心〉，《星雲禪話》，《人間福報》，二〇一〇年八月一日。

⑨同註①書，頁一四六、一五二。

⑩星雲大師，〈五十三參〉，人間福報，二〇一七年六月十八日B1版。

# 第八章　嘶吼吧！解脫人生的苦樂

又是人生的苦樂，既複雜又簡單的命題，作家詩人小說家劇本寫不完的文章。說複雜，古今中外所有大思想家、大哲學家、宗教大德等，無不針對人生苦樂與解脫超越等，有許多經典傳世，舉述無盡。說簡單，按經濟學論述解析，人生苦樂不過是兩個方程式：幸福快樂指數和痛苦指數，略解如下二式。（註①）

當然，人生的苦樂每個人感受體驗不同，不能用一個方程式詮釋人的心境，卻是一種「合理」的參考依據，尤其詩人對人間百態觀察最為敏感，

(A)

$$\text{個人幸福快樂} = \frac{\text{物質財貨}}{\text{消費慾望}}$$

說明：

(一)慾望不變，幸福和財貨成正比，財貨增加，幸福也增加；財貨下降，幸福也下降。

(二)財貨不變，幸福和慾望成反比，慾望下降，幸福增口；慾望上升，幸福下降。

(三)慾望和財貨一起增加，財貨增加速度大於慾望增加速度，幸福增加；財貨增加速度小於慾望增加速度，幸福減少。

(B)

痛苦指數＝失業率＋通貨膨脹率

自古以來詩人筆下的苦樂最能感動人，最能彰顯詩人真性情。如李白「且樂生前一杯酒。何須身後千載名」，千秋萬世以來，動容於這樣的人生哲學，進而想要更深入去解讀他的故事。

在曾美霞眾多新詩作品，筆者選出三首深刻描述人生苦樂，詩藝高明，意象突出。〈生之喜悅〉、〈咖啡屋〉、〈刀販〉。這三首詩，基本上是詩人對客觀世界的觀察與詩寫，為寫實之作，並頗有哲人之言「**生命的喜悅／原是來自痛苦**」，苦樂真的是同一掛的。我們看古今歷史或現代社會，似乎正如是「真言」，勝選的政黨執政了，有了幾千幾萬個「大位」，大家坐領高薪，騎在人民頭上拉屎，爽啊！快樂；反之，敗選的政黨成了在野黨，幾千幾萬個「大位」丟了，不爽啊！痛苦。古今如是，有了功名快樂，沒了功名痛苦，要如何解脫苦樂？李白在〈行路難〉三首之三說。

> 吾觀自古賢達人，成功不退皆殞身。子胥既棄吳江上，屈原終投湘水濱。陸機才多豈自保，李斯稅駕苦不早，華亭鶴唳詎可聞，上蔡蒼鷹何足道。君不見，吳中張翰稱達士，秋風忽憶江東行。且樂生前一杯酒，何須身後千載名。（節錄）

其實詩仙李白並不想當「仙」，他和古今中外的有為青年一樣，想要成大功立大業，求取大功名，這才是快意人生。大唐天寶元年（七四二年），一心想積極入世，才高志大的李白，奉詔入京，擔任翰林供奉。詩人嚮慕管仲、張良和孔明等人的傑出與豐功偉業，亟思有所表現。但詩人就是詩人，官場「氣候」是不適詩人生存的，他受到權臣排擠，也未得唐玄宗重用。終於，官場才混了兩年（至少享過榮華富貴，喝了不少美酒），天寶三年（七四四年），以「賜金放還」被逼出長安城，痛苦啊！最後他幾乎是總結人生苦多樂少說，「**抽刀斷水水更流，舉杯消愁愁更愁。人生在世不稱意，明朝散髮弄扁舟**」。

人皆吃了苦頭才有領悟，李白若一輩子在皇宮裡快樂飲酒，絕寫不出這樣的作品。他終於看穿人生真諦，看那些功成名就而不知身退的悲慘下場，也深感自身艱難比喻世路之困頓，抒發人生不平。但心中豪情仍在的李白，才在〈宣州謝脁樓餞別校書叔雲〉有「**欲上青天攬明月**」詩句，詩中最奇妙的意象是「**抽刀斷水水更流**」，而「**舉杯消愁更愁**」一句則易於理解。或許說人生的憂愁苦悶，如江河流水之不盡，「抽刀斷水」亦不斷，愈想斷念愈不可得。要解脫人生的苦樂，很難啊！但看女詩人以豐富多情的人生閱歷，如何詩說人生苦樂？賞讀她的〈生之喜悅〉一詩。（註②）

掙脫溫暖的莢
趁著那陣抖動
　孤獨地墜落塵埃
　　無怨　無尤
　　無悔　無言
泥濘的浸漬　軟了硬殼
烈日的酷曬　裂了包膜
　當風雨襲來
伸出細弱的根
緊緊抓住大地
　當甘露降臨
適時張開稚嫩的口　吸吮
啊　終於萌出幼芽
生命的喜悅

詩的奇妙處，在於可以有顯隱多重意涵，如這首〈生之喜悅〉，明寫一粒「豆莢」的誕生萌芽過程，暗喻人類生命的誕生經過。其意象的「跳接」和「空白」不會太遠。易於讓讀者產生想像空間。

「掙脫溫暖的莢／趁著那陣抖動／孤獨地墜落塵埃」。胎兒在母體裡待不住了，急著想要出來探索這個世界，如一粒豆子要掙脫「莢」，比喻胎兒在子宮裡。趁著媽媽的陣痛抖動，孤獨的滑過產道降生了。人們形容嬰兒一初生就大哭，說是他知道「苦日子」來了，人生就是一場苦的旅程，所以初到人間必定要哭；反之，對於媽媽，生產之苦已是過去式，對父母和所有親人，都是可喜可賀要好好慶祝的事。如此，苦樂是同一件事，一體之兩面吧！這算不算超越或解脫（不是佛法上說的解脫）？

「無怨　無尤／無悔　無言」，生是偶然，死是必然。眾生都無權選擇出生地點和好人家，亦無權選擇父母，說有的是神話世界的故事。因此，嬰兒誕生了，無怨無尤，無悔無言。但新生命初始，免不了「泥濘的浸漬　軟了硬殼／烈日的酷曬　裂了包膜」，這些意象其實可用在任何生命物種的初生景氣，豆種子從殼中掙脫，胎兒掙脫泥濘的環境。但是，到了外面的世界，固然有新環境的新奇感，風風雨雨也跟著來了。

「當風雨襲來／伸出細弱的根／緊緊抓住大地／當甘霖降臨／適時張開稚嫩的口　吸吮」。種子在地上長出芽，開始積極長根要抓住土壤，佛法常說生命之所以能夠順利長大，必須要「因」和「緣」。因是讓你誕生的必要條件（如父母結合和更多前因或前世因），緣是讓你維持順利成長的環境，如陽光、空氣、水和各種照料，有好的環境孩子才能成長壯大。

「啊　終於萌出幼芽／生命之喜悅／原是來自痛苦」。這是詩人對眾生最有啟示性的「講詩說法」。但若要追到更究竟，不論從出世法（宗教如佛教），或入世法（人類社會形成各種規範），真正的快樂或最樂來自「利他」。例如佛教《方廣大莊嚴經》說：「遠離眾罪垢，不著於世間；永斷我慢心，是爲最安樂。」現代「僧侶哲學家」李卡德（Matthieu Ricard）認為，利他思想不僅是快樂的泉源，更是挽救人類沈淪和地球浩劫的「不二法門」；他警示人類若不改變自私行為，不僅是全人類很快面臨「集體痛苦」，地球資源很快被「洗劫」光了。（註③）

這方面我持悲觀看法，懂得利他或起而行挽救浩劫，永遠只是極少數人（科學家、哲學家、宗教家等）的「事業」，眾生中九成點九九依然只顧己利，或渾噩無知。如美國總統川普一上台，就推翻國際已有共識的環保政策，李卡德批判短視近利，將給人類製造無窮痛苦。放眼整個大環境（寫本文時美國正在轟炸敘利亞、阿富汗和巴基斯坦的ＩＳ，並準備攻打北韓，而台灣的蔡英文政權正暗搞皇民化），是全人類共業的「痛苦環境」，小我的小圈圈能快樂起來嗎？賞讀〈咖啡屋〉。（註④）

屋外　亮麗的陽光灑落一地
屋裡　嬝嬝的烟霧瀰漫一室
濃郁的香氣在冷氣流中瑟縮
　只一會功夫
　騰騰熱氣化為冷漠
棕櫚樹旁　纏綿的熱戀情侶
　置周遭陰冷於度外
臨街窗口　寂寞的長髮女郎
　無視於窗外的擾攘
陰晦幽暗凝不住戀人熾燃的情

吸一口　相視微笑
　好香的咖啡
喧囂熱鬧暖不了落單淒冷的心
吸一口　搖頭嘆息
　好苦的咖啡

這是一首捕捉咖啡屋內外瞬間成永恆的詩，詩藝技巧上詩人善用她一貫常使的相對手法，產生對比概念和意象。在思想上體現「三界唯心、萬法唯識」的隨心苦樂觀，但從捕捉的「現象」也說明人容易受外境影響，環境變了人的心情也改變。要做到「不以物善、不以物悲」，也是天大的難。

屋外……屋裡……一會兒，化為冷漠，人的喜怒苦樂變化太快了。但有「情人」抱在懷裡，寒冬也如暖春。「吸一口　相視微笑／好香的咖啡……吸一口　搖頭嘆息／好苦的咖啡」。難怪佛法常言「一念三千」，一個念頭間，你已來去三千大世界，走過陰陽兩界，這比愛因斯坦的「空間折疊」，穿過「蟲洞」，來回兩個星系的宇宙旅行更快。〈刀販〉這首詩也很能象徵人生的速起落，在成敗的自豪自卑與痛苦中掙扎，似乎眾生

都找不到解脫苦樂的門道。（註⑤）

1

小販嘶聲的吼
他有最利的剪　無論你多堅韌
他有最快的刀　任憑你多頑固
他有最尖的錐　不管你多強硬
他有最銳的鋸　哪怕你多結實

小販啞了　卻自豪著
他販售了勝利的征服
在熱鬧的市集　對喧囂的人群

2

小販嘶聲的吼
他有最熱的情　無論妳多冷漠
他有最深的愛　任憑妳多絕情

他有最柔的心　不管妳多寡義
他有最善的意　哪怕妳多狡黠

小販啞了　更自卑著
他出賣了男性的尊嚴
在陰冷的窠巢　對霜寒的艷容

3

小販啞了
看不透　捨不得
在滿室的尖銳中奔竄
小販的心淌血
盈屋的銳尖淌血

從結構看可以是三段論法，小販的奮鬥，先成後敗，東山再起又以慘敗收場。另外，也可看成三個小販的不同成敗情境。詩人精心設計的情節，象徵在成敗的自豪自卑和痛苦悶掙扎，找不到人生的「出口」，苦樂也在無常裡糾纏，永遠的糾纏，直到生命「解脫」，而痛苦尚未從心靈神識解脫。

這首詩另有特徵，可以當三百六十行業的「代言人」，賣豬肉的、賣玩具的、賣知識（教師）的……乃至當總統的，也是在賣（行銷）自己的理念。例如，把〈刀販〉換成〈美國總統川普〉，即「川普嘶聲的吼／他有最強的航母　無論你多堅韌／他有最快的薩德　任憑你多頑固……」以下情節成敗皆同，川普不過是小販的放大極限版。改〈詩人〉套入也是同樣，「詩人嘶聲的吼／他有最利的筆　無論你多堅韌／他有最感人的詩……」。因此，〈刀販〉是一首有普遍性價值的詩，多數詩評家談詩的價值好壞，放在意象、意境、空靈（白）、跨度等。但詩人高準從「普遍」意義開始。（註⑥）普遍性愈高，詩越能突破時空的限制，久至久遠！

從詩意內涵、思想解讀也是豐收的詩，均見詩人對生活體驗、眾生生命觀察是深刻的。第一段是人生的創業成功階段（或任何人成功），人生皆如是，成功立業了，有了大錢和權力，便失去人的「本來面目」，驕傲、自豪，忘了當年「小販嘶聲的吼」，現在是大老闆了，以為他是可以征服一切的勝利者。於是，快樂啊！爽啊！小三也有了！失敗和痛苦很快就找上門了。詩人在她四周的親友圈，必定見過這樣的「錯誤示範」，才有這麼奇妙又隱涵啟示性的好詩。

第二段失敗來了，也像男人對女人示愛的慘敗。「小販啞了　更自卑著／他出賣了男性的尊嚴」。男人，賣了尊嚴即賣了靈魂，即非男人，這會導至連活下去的意願也沒有，剩下死路一條。人生到了痛苦的極限，最後也只好「解脫」了。

詩人有意用男性角色展

生命我懂了

對象自己，方向往內

文與圖／尤俠

學佛不是讓自己變成因果律的警察或成為佛法的檢察官，一切修行的對象都是自己，一切修行的方向皆為往內，記得回頭轉身，心才是那個終極目標。

圖片來源：人間福報，2017.4.16.B5

演情節，可能是男性面臨這些成敗起落較多，而女性則少。現代社會雖把兩性平等掛在嘴上，但女人工作丟了，大不了回家煮飯做家事，較不受成敗制約；反之，男人則壓力很大。只是面對很多人生痛苦和快樂的糾纏，解脫之道適用於男女，為何會陷入痛苦深淵而不能自拔？還是要回到「三界唯心、萬法唯識」才有答案。如這圖解說，一切的修行對象都是自己，一切修行的方向皆為往內，記得回頭轉身，心才是那個終極目標。一切都是自心引起，正如女詩人所述，「**剪不開　切不入／刺不進　割不斷〃小販啞了／看不透　捨不得**」。這要脫困可難了，人世間多少跳樓跳海慘案，皆如是而起。

就算沒去尋死，更多的是在沉淪中度日，了其殘生。「**在滿室的尖銳中奔竄／小販的心淌血／盈屋的銳尖淌血**」。任何苦樂成敗禍福要追到根本，都是自造的，路都是自己走成的。古人有詩曰：

> 行藏虛實自家知，禍福因由更問誰？
> 善惡到頭終有報，只爭來早與來遲。

佛教雖說這世界是「五濁惡世、三界火宅」，苦海無邊，這是對世間「實相」而說。

但個別人生的煩惱、痛苦、快樂、悲觀，都還是自己創造，路之好歹都是自己走出來的，星雲大師在〈歡喜〉一文開示。（註⑦）

佛教要帶給眾生的，是歡喜的佛法，不但要給人幸福、快樂，也要給人歡喜，讓每個人都能解脫煩惱枷鎖，對人生充滿希望，進而讓人間成爲歡喜的樂土……創造當下的人間淨土，不必等到將來才到極樂世界。我們當下承擔、當下觀想、當下發心、當下接受世間的一切，和人生不必對立；甚至憂愁、困難也不必拒絕，那你即刻就可以轉苦爲樂、轉憂爲喜……這樣人生才有價值。

「憂愁、困難也不必拒絕，那你即刻就可以轉苦爲樂、轉憂爲喜」。身為小販、賣刀賣箭的、賣知識的、賣詩的……是否理解？苦樂一體，僅在一念間。

## 小結

再從〈生之喜悅〉說起，吾等之所以有機會誕生為人（不是馬牛豬狗等），除了是多世因緣，而其機會也極少極少，即人身難得。在《雜阿含經》譬喻為「盲龜浮木」：我們要想得到人身，如無邊大海裡，有一隻盲烏龜，其壽無量，每百年才浮出水面一次；大海中有一根浮木，浮木有個洞，盲龜必須遇到這根浮木，頭也正好穿出浮木的小洞，這機率多渺茫。可以這樣說，能得「生之喜悅」，是多少個兆億分之一的機會，能不善用「人身」乎？所以《大寶積經》勉人，「善得人身甚爲難，莫爲此身造眾惡；畢竟塚間餧狐狼，切勿惡見生貪愛」。假如那「刀販」嘶聲的吼，他剪得開、切得入、刺得進、割得斷、看得透，更捨得，他的世界便是「清淨國土」，刀販亦就是真正的國王。只可惜，吾人所見眾生，多渾渾爾，且噩噩爾，能悟者比大陸的熊貓（貓熊）稀少，眾多的是如吾國明朝學者羅洪先曰：（註⑧）

急急忙忙苦追求，寒寒暖暖度春秋；
朝朝暮暮營家計，昧昧昏昏白了頭；
是是非非何時了，煩煩惱惱幾時休；
明明白白一條路，萬萬千千不肯修。

這便是人間，眾生實相，詩人這三首詩揭開了人間實相。而這三首也用不少相對概念、正反辯證的技巧，如生之喜悅來自痛苦；〈咖啡屋〉裡，內外相對，咖啡香苦瞬間轉換；〈刀販〉正反情境的矛盾衝突。凡此，讓這三首詩有「詩的世界」，更有從思想、哲學或佛法解讀的大世界。

## 註釋

①關於「幸福快樂指數」和「痛苦指數」，涉及經濟學上諸多演算和變數，非本文研究範圍，趣者可自行查閱任何經濟學教本。

②曾美霞，〈生之喜悅〉，《山動了》（台北：文史哲出版社，二〇〇三年十一月），頁五二－五三。

③馬修・李卡德（Matthieu Ricard, 1946-），生於法國，早年從事生化研究，曾在巴斯德研究院研究分子遺傳學。為追尋形而上的快樂，一九七九年毅然出家，成為一名「佛教徒哲學家」。詳見楊慧莉，《僧侶與哲學家》作者李卡德：〈誰說人不自私天誅地滅？〉。《人間福報》，二〇一七年四月十五日，A 5 版。

④曾美霞，〈咖啡屋〉，同註②書，頁七〇－七一。

⑤曾美霞，〈刀販〉，同註②書，頁九〇－九二。

⑥高準，《中國大陸新詩評析》（台北：文史哲出版社，民國七十七年九月），頁九三。

⑦人間福報，二〇一七年四月十六日，B1版。

⑧羅洪先，生於明孝宗宏治十七年（一五〇四），卒於明嘉靖四十三年（一五六四）。字達夫，號念菴，江西吉安（今吉水縣谷村）人，明代學者，地理學家，佛法修行亦深。

# 第九章 你的過去折磨著你，人人是孤獨國

**孤獨國** 周夢蝶（註①）

昨夜，我又夢見我
赤裸裸地趺坐在負雪的山峰上。

這裏的氣候黏在冬天與春天的介面處
（這裏的雪是溫柔如天鵝絨的）
這裏沒有嬲騷的市聲
只有時間嚼著時間的反芻的微響
這裡沒有眼睛蛇、貓頭鷹和人面獸

只有曼陀羅花、橄欖樹和玉蝴蝶
這裏沒有文字、經緯、千手千眼佛
觸處是一團渾渾莽莽沈默的吞吐的力
這裏白晝幽闃窈窕如夜
夜比白晝更綺麗、豐實、光燦
而這裏的寒冷如酒，封藏著詩和美
甚至虛空也懂手談，邀來滿天忘言的繁星……

過去的佇足不去，未來不來
我是「現在」的臣僕，也是帝皇。

世間所有活著的人，或多或少，在程度上，都在被過去「折磨著」，人越老越被過去的記憶折磨得重。東西方歷史，古來都有「世風日下」之嘆！因為人皆不滿現狀，過去就算當奴才、次等公民，也比現在當「主人」好！這是一種矛盾、痛苦、解不開的習題，會把人折磨至死。記憶為何揮之不去？孤獨啊！若有二人在喝咖啡聊是非，或一群人正開同樂會，不會有「過去的回憶」來折磨你。但當你心情不佳，夜深人靜孤獨時，那折磨就來了！

「過去佇足不去，未來不來／我是「現在」的臣僕，也是帝皇」，假如周夢蝶是「最孤獨」，那麼世間所有人只是在「孤獨、普遍孤獨、一點點孤獨」等，都在不同程度的孤獨路上，等待最後的千山獨行。一九九六年，周夢蝶第一次回大陸探親，正好兒子病重往生，連祖母、老母、妻子都走了，詩人深受打擊。他感嘆說：「不敢回頭，不敢哭、也不敢笑，生怕自己成為江河。」（註②）不論他回不回頭？哭不哭笑不笑？過去都在折磨他，過去佇足不去，未來不來或根本沒有來，因為未來依然是折磨和孤獨。人的腦功能沒有生個「刪除鍵」，好按一下，所有的過去全部清除！賞讀〈你的過去折磨著你〉。（註③）

你的過去折磨著你
過去那些事　你以為不去想
就會日漸模糊然後忘記
某天　突然土石流來襲

沖毀記憶的防波堤
剎那間　往事一幕幕裸露
像剛剛發生的一樣鮮明

感謝造物者的慈悲
人會選擇性失憶
有些事若不想記住
檔案就會自動刪除

但　還是有某些事
你真的不願再提起
你選擇忘記　想從生命中抹去
卻無能為力
當事件浮上心頭
影像越來越清晰

連酸楚的感覺也沒有走味
精準的讓你再次經歷

有些事 不去想它就會忘記
有些事 已經成為你的呼吸
再沈重也無法拋棄
你的過去就是這樣折磨著你

詩中的「你」可以是任何人，但似乎現在「台灣人的集體記憶」正是這個情境。多年來許多人在懷念「蔣經國時代」或「兩蔣時代」，網路上流傳「兩蔣時代」的內容大約是：㈠治安良好的時代、沒有民粹的時代。㈡禮義廉恥四維八德的時代。㈢官吏不敢貪污，抓到要槍斃的時代。㈣看電影要唱國歌的時代，大陸文革的時代。㈤萬眾一心的時代、台灣錢淹腳目的時代。㈥官商不會勾結的時代，人民有禮善良的時代。㈦本省外省不仇視的時代，我們都是中國人的時代。㈧政府有信、軍公教警受尊重的時代。㈨壞人不敢狂猖的時代，罪犯嚴懲的時代。㈩聯考雖苦也是公平的時代，青年努力進取的時代。

把以上十項全倒過來就是現在的台灣社會。鬥爭！鬥爭！鬥爭！撕裂！撕裂！撕裂！於是，現在不論是統獨那一方，或任何人，都被「你的過去折磨著你」，一部份人是要把過去全部「割斷」，割斷自己和過去的關係，割斷自己和中華文化的關係，但你的血緣明明是「炎黃血緣」，道道地地的中國人。所以，這會讓人得精神分裂症，割不斷，理更亂，折磨啊！

另一部份人，認為沒有過去那有現在？過去是不能割斷的。當然，身為中國人的血緣關係更不能割斷，中華文化是民族之根，更不能割斷，但已被割得差不多了，要斷不斷，理亦亂，折磨啊！

台灣的過去不止於兩蔣時代，還有倭人竊搶時期，更前面滿清治台設省、明鄭時代、西班牙和荷蘭殖民，都是過去。這些都是台灣人悲情的過去，已經折磨好幾代台灣人，未來仍將折磨下去，直到有一天成為「中國人」，你便驕傲起來了，而那些過去只不過「歷史」吧！

把台灣社會的「集體記憶」帶入這首詩，並無針對性，非要把台灣拿出來作文章，套入其他各國、各民族、黑人、白人……都是某種程度的折磨。甚至於在其他生物，象、虎、獅……也一樣，常看Discovery的人就知道，被盜獵母象留下來的幼象，若命好被人類收養，也是牠的過去折磨牠一輩子，獸醫和動保人員要花很長時間，慢慢給牠「心理治療」。

這樣讀詩是一種衍繹閱讀，若僅針對某一個人的個別人生歷程，或許更為適合，因為詩題正是「你」的過去折磨著你。這不一定是詩人自己，但一定是詩人的生活閱歷所見所聞，詩才能這麼自然。所謂「自然」，即是「俯拾即是，不取諸鄰。俱道適往，著手成春。如逢花開……」（註④）只是詩人身邊生活感悟，有些時候人的回憶就如詩句「某天　突然土石流來襲／沖毀記憶的防波堤」。這語言用的驚悚，「土石流」非土石流，而是指一個「事件」，如夫妻大吵一架，便沖毀記憶的防波堤，原本已約制心底二十年不提的外遇事件，因這回大吵又浮現，再算老帳。「剎那間　往事一幕幕裸露／像剛剛發生的一樣鮮明」，相信這也是很多人的經驗，有些時候，過去的不過去，依然存在著。

賞讀〈存在主義電話亭〉。（註⑤）

只是需要
我之所以是我現在這個樣子
是因為我的重要與獨特
我思故我在

我被淘汰不是罪過
只是潮流
面臨拆除的痛苦
存在主義強調
必須尋求存在的意義
才能延續另一種存在

尼采之後
技術統治了世界　製造了一切
人的人性　物的物性

都是市場上可以算計的價值

苦難是具有意義的
飛鳥射盡了就收起弓箭
兔子捕盡了就烹煮獵狗
一切看來多麼合理
涼爽的秋天一到
扇子顯得如此多餘

如果街頭巷口容不下我
存在　失去意義
不如優雅轉身下台
歸去

實在說，讀〈你的過去折磨著你〉一詩刺激我想像，但讀〈存在主義電話亭〉則刺激我的情緒。為何？你定不解。我若說成「存在主義軍訓教官」，你立即明白。二十多年前，我在台大當教官，當時教官就有四十八人，到現在（二〇一七年）剩三人。（註⑥）如今大學的軍訓教官處境，就像越來越少的電話亭，而且教官早已不管「三民主義」了。「我的存在不是主義……必須尋求存在的意義」。教官和電話亭，早已失去存在的意義，只能懷念過去光榮的歲月，乃至「我的過去折磨著我」，可憐的電話亭！可憐的軍訓教官！台大教官之所以從四十八員成現在三人，完全是政治和台大無法無天的結果。這是我的感慨！電話亭越來越像「孤獨國」國主，教官也是！再放眼看去，軍、公、教、勞、農……養豬的、養牛的……某種程度上，也都活在恐懼和孤獨中，「美豬」和「美牛」不斷在折磨大家，使得大家找不到「存在的意義」！

為什麼人人都是一個「孤獨國」？這道理應該很簡單，地球上眾生千萬億，並沒有兩個在思想觀念行為上完全相同者。換言之，人人所見都是「相當程度的偏見」。除了數理領域有所謂「統一定律」，亦非放之宇宙各界而能皆準。

就詩論詩，這是一首頗有奇異亮點的作品，把「存在主義」和「電話亭」結合，是一個有誘因的創意，前者是思想，後者是實物。詩人又把尼采也請來，其實詩人主要不在「存在主義」，而是針對「存在」，暗示古今萬物並沒有「永恆的存在」，只要「需要」時才值得存在，故說「**我的存在不是主義／只是需要**」。現在日本有很多老人因「不被需要」了，成為「下流老人」，找不到存在的意義，這種困局在台灣遲早會「流行」起來。

一切目前存在的，電話亭、教官制度、十八趴、總統、政客、人……都會在不久後不被需要，成為過去。只是當你面臨將要「走入歷史」，你以什麼心態處世？如何定位你的存在？「**我被淘汰不是罪過／只是潮流／面臨折除的痛苦／存在主義強調／必須尋求存在的意義／才能延續另一種存在**」。按佛教的生命觀，到了生命的最後一刻，依然要保有無尚意義和價值，才能延續未來（來世）生命的存在價值。所以，「生命是一種連續函數」。（註⑦）眾生的生生世世，是連續的生命，宇宙各界只有這個是真實「永恆的存在」。

生命雖是連續、永恆的，但每一期生命（如你我他的今生今世）都不一樣，只有面對生老病死、悲歡離合、痛苦快樂等，是必然要碰到的「變數」，苦是苦，苦也可以是補；樂是樂，樂極生悲。要如何啟動你的智慧？「**苦難是具有意義的／飛鳥射盡了就收起弓箭／兔子捕盡了就烹煮獵狗**」，確是如此，唯智者仍可避免自己被當「獵狗」給烹煮了，落到悲慘死境。

李白在〈行路難〉三首之三有幾句真言，「吾觀自古賢達人，功成不退皆殞身。子胥既棄吳江上，屈原終投湘水濱。陸機才多豈自保，李斯稅駕苦不早……」，這些都是歷史上「兔死狗烹」的著名案例，皆因功成不退。也有功成身退的智者，如大兵法家孫武和范蠡，由此推論之，李白在皇宮不得意，被迫「明朝散髮弄扁舟」（〈宣州謝朓樓餞別校書叔雲〉），是因禍得福。官場很可怕，得罪權貴奸險小人，就可能小命不保，古今其實沒有差別。是故，這首詩最後詩人有如智者開示：「如果街頭巷口容不下我／存在　失去意義／不如優雅轉身下台／歸去」。不光是電話亭，萬事萬物與眾生皆如是，過去的就讓他過去，莫太執著。

詩人另一首〈街頭郵筒〉和〈存在主義電話亭〉情境類同，「儘管全身漆上草原樹木的綠……空蕩蕩的肚子盡早苦澀／／雖然紅綠郵筒總是並列相伴／卻在街頭各自孤單」。（註⑧）個人主義和自由主義，算是「孤獨國」的建國思想，加上生命本質的「個殊性」，使得人人都是一個孤獨國，大家都活在「過去的佇足不去，未來不來」的縫隙裡。對於過去，如果你能不被折磨，那麼！〈懷念〉也好。（註⑨）

是月光的嗚咽

抑是河水的低泣
今夜的夢境
　為何如此憂傷
盈滿於耳際的
　儘是一片淒切

我迎向月光
想攬住一些亮潔
月光卻無奈地搖著頭
逸入雲層

我奔向河水
想掬起一些清澄
河水卻冷漠地揮著手
離我遠去

月光啊月光
　為何不再照拂
莫非因著人們的貪婪
河水啊河水
　為何不再淙淙
難道由於人們的無知
清純的人性被金錢污染
高貴的良知被金錢踐踏
任憑月光吶喊
任憑河水呼喚
終抵不過金錢的誘惑

於是月光晦暗
於是河水乾枯

於是可愛的故鄉晦暗乾枯
懷念
　懷念
　　懷念
懷念月光籠罩
河水潺潺的故鄉
只有在夢中追尋
而今夜的夢境
卻是如此的憂傷

懷念過去所有的好（如前面所述兩蔣時代十大好），那時空氣多清新，那時河水多潔淨！那時的人多善良！本省外來一家人。〈我家門前有小河〉是真的，我小時候家旁就是小溪河，孩子們在河裡「摸蛤兼洗褲」。那些美好全死了！回不來了！我們只能活在懷念中，怎樣讓懷念不成折磨呢？

〈懷念〉一詩，吾以為詩人所要表達的，是全人類的「共業」。世界各國要發展經濟、要提高國民所得，人民要工作，大家要過「高水準生活」，於是只有開發、開發、開發……繁榮、繁榮、繁榮，而不管陽光空氣水的污染，地球溫室效應日愈嚴重。現在又碰上美國出現一個瘋子總統川普，他竟推翻了國際環保公約，更多災難恐難以避免了。就是現在，全球無數地區已如〈懷念〉一詩，「於是月光晦暗／於是河水乾枯／於是可愛的故鄉晦暗乾枯」，這已是地球全面普遍性的問題，而這些問題都不可逆，只會更嚴重！更慘！整個全球大環境越來越惡劣，加上恐怖主義盛行全球，人人不安，不論哪個國家，陷入人人自危境地，也是人人孤獨、寂寞的世界，人人都在等待最後的千山獨行，孤獨的「上路」！

在我前半生的軍人生涯，深刻感受到美國名將布來德雷（Omar Nelson Bradley, 1893-1981）說的，「軍人是孤獨的行業」。（註⑩）我退伍後接觸詩壇，很多詩人也說「詩人是孤獨的」，而「詩人」根本就不成為一種「行業」。我更發現，現代人（尤其年輕人），看似每天在網路上與許多人互動，也充滿孤獨、寂寞，離開網路和手機，幾乎成人際關係的白痴，孤獨的行屍者。美霞在〈貼圖迷思〉一詩，即描述現代社會人人自成「孤獨國」國王的困局。（註⑪）

在眾多貼圖中選取，傳送
多麼簡便，多麼受歡迎
已讀，是一個階段已經完成
不回，是另一個階段的開始

思緒糾結，尚未融開
等待一句安慰，一個擁抱
得到的是一個喜怒哀樂貼圖
羞愧或得意，哭泣或狂笑
再怎樣傳神，也是千篇一律
再怎麼精美，看多了也會膩

日夜被叮咚聲提醒去看留言
網路似乎拉近了彼此距離
影音隨時隨地入眼入耳

心靈逐漸僵化，人還是那人
想法已經分道揚鑣

一次次敲打點觸鍵盤
從指尖跳上螢幕
輸入，送出
生冷的配音適時響起
沉默，冰涼
心靈還是一樣孤獨

按「我思故我在」說，現在地球上總人口不是七十多億，最多二到三億間。因為現在全球所有人幾乎已被手機電腦網路綁架，成天以「簡訊」對外聯繫，簡訊不成文，不須思考，沒有結構，人失去了「思考力」是不存在的。如詩人所言，「心靈逐漸僵化……沉默，冰涼／心靈還是一樣孤獨」。科學進展到可以把所有人全關進孤獨國，對全人類是福是禍？是否未來有一天，地球近百億人口中已無一是「人」！

萬事萬物皆有例外，像筆者每日用手機不超過十分鐘，依然拿筆寫稿、寫信的人，應該是比熊貓更稀有的物種。我把真心寫在紙上，手稿有我的真情，因為我值得，我堅持與「孤獨國」保持距離。

## 小結

人生是一張單程票，未來一定越來越少，過去必然越來越多，眾生只有這裡是平等。至於過程嘛！就是極度不平等，也各有不同的悲歡離合和苦樂憂愁，對於曹操，他說「譬如朝露，去日苦多。慨當以慷，憂思難忘。何以解憂，唯有杜康。」（〈短歌行〉）而女詩人說，「**懷念月光籠罩／河水潺潺的故鄉／只有在夢中追尋／而今夜的夢境／卻是如此的憂傷**」。而李白也認為「且樂生前一杯酒，何須身後千載名」（〈行路難〉三首之三），看來酒對於獲得「快樂」或解憂，多少有些作用。若常有幾個好友聚會品酒作詩，不僅可以暫時走出「孤獨國」，也能忘記過去的折磨。

但酒對解決人生苦樂終非根本之道，人生要免於過去的折磨，要避開悲歡離合的折磨，不受「孤獨國」的折磨，還得按《金剛經》「無住生心」來修，心不住於貪瞋痴慢，就是最究竟之安樂。《方廣大莊嚴經》曰：「遠離眾罪垢，不著於世間；永斷我慢心，是為最安樂。」一人的貢高我慢心，都是痛苦罪惡的源頭，而「貪」字最可怕，人有一貪必失眾樂。〈懷念〉一詩，詩人感概「**清純的人性被金錢污染／高貴的良知被金錢踐踏／任憑月光吶喊／任憑河水呼喚／終抵不過金錢的誘惑**」，都是一個「貪」字造成。所以，佛教《摩訶帝經》有一詩偈，警示諸有情眾生，什麼才是人生究竟的快樂？

世間所有諸欲樂，乃至天上所有樂；
若比斷貪之大樂，十六分之不及一。

本文經由曾美霞的幾首詩作，思索人生的幾個大問題，苦樂孤獨寂寞，人的過去必然充滿著這些回憶和懷念。其實這些均非絕對，而是相對的，且是可以「轉化」的，但丁（Dante Alighieri）年少時認識一個九歲的女孩叫 Beatrice，也是成為他一生的折磨，他把折磨成功的轉化成一部《神曲》，成為千秋文學經典。

人生的孤獨是本質性使然，所有悲歡苦樂也是人生本來的內容，如何不受折磨？只有一念間，若能轉念「**昔生未了今須了，此生度取累生身；古佛未悟同今者，悟了今人**

即古人。」（唐・龍牙居遁）你是否被過去折磨？你孤不孤獨？就在轉念間。

## 註　釋

①周夢蝶，本名周起述，一九二一年生於河南省淅川縣，二〇一四年五月一日，病逝於台北市新店。這首〈孤獨國〉，詩壇中人無人不知，或鍵入「古哥」就能看到。

②聯合報，二〇一四年五月二日，A3版

③曾美霞，〈你的過去折磨著你〉，《秋水詩刊》第一六二期（台北：秋水詩刊社，二〇一五年元月），頁一一〇。

④司空圖詩品「自然」，詳見蕭水順（蕭蕭），《從鍾嶸詩品到司空詩品》（台北：文史哲出版社，民國八十二年二月），下篇，第二章。

⑤曾美霞，〈存在主義電話亭〉，《秋水詩刊》第一六五期（台北：秋水詩刊社，二〇一五年十月），頁八二。

⑥陳福成，《台大教官興衰錄》（台北：文史哲出版社，二〇一三年十月）。

⑦釋慧開，《生命是一種連續函數》（台北：香海文化出版，二〇一四年七月，初版三刷）。

⑧曾美霞，〈街頭郵筒〉，《秋水詩刊》第一六四期（台北：秋水詩刊社，二〇一五年八月），

頁一一〇。

⑨曾美霞，〈懷念〉，《山動了》（台北：文史哲出版社，二〇〇三年十一月），頁七六－七八。

⑩布來德雷（Omar Nelson Bradley），一八九三年生，一九一一年因家貧進西點軍校，一九一五年畢業。他後來幹到五星上將，是二戰時北非和歐洲戰場的指揮官，他也是第一任美國參謀首長聯席會主席。他在一九八一年四月八日逝世，美國有一款「布來德雷裝甲車」紀念他。

⑪曾美霞，〈貼圖迷思〉，《秋水詩刊》第一七一期（台北：秋水詩刊社，二〇一七年四月），頁九〇。

# 第十章　解癮的告白者，詩人酗什麼？

據聞，現在寫詩的人比讀詩的人多，詩人多如「過江之鯽」，這種盛況若在一九四九年之後那些年，是很正常的。當時「過海名士多如鯽」，啟動台灣「文藝復興」，不可否認的，兩蔣時代的中國文學確實是一段輝煌，那些年代好書一賣就是幾千幾萬本。

如今，各類文學作品依然排山倒海的出版，從量來看似乎是盛況，但很多書（詩集、小說、散文為主），通常只印幾十本，甚至十多本。名出版家兼作家隱地在網路上批評，質疑這些也叫「書」嗎？根本是在製造垃圾。（註①）除了大師天王級詩人的作品，可能才有數百本「市場」，足夠出版社維持「成本」。

現在受時代潮流和政治打壓，文學作品幾乎沒有市場，詩集更是嚴重。文史哲出版社老闆彭正雄先生，好心為已故大詩人羅門，出版一本圖文並茂的精裝詩作，只印四本，一本送羅門本人，一本送海南省圖書館典藏，一本送台灣中央圖書館，一本自存。這是詩集出版的現狀，也是慘況，沒有了詩的讀者，詩人為何仍「酗詩嗜詩」？此中道理何在？

紀弦在《楊喚詩集》的序說，「唉唉，楊喚，我親愛的朋友，請安息吧！至今，你的作品的價值已有定評，你在文學史上的地位也是無可否認的了。」（註②）有志詩人都希望自己有傳世經典，在文學史上留下可以稱頌的定位，如李杜三蘇等。

「詩言志」是中國詩學的開山綱領。「志」者，是人的懷抱、意向、思想、態度、情感等，屬於詩人的內心世界。這個說法可以解釋詩人為何寫詩，例如詩論家吳鈞銓釋魯迅一生詩歌創作的思想內容有：抒發對親友的真摯情懷，抒發民族豪情、愛國憂思及個人情感，揭露當時社會的黑暗和當局的殘暴和醜惡，為中國革命的進步力量吶喊助威。（註③）詩人有話要說，說出很多志向想法，言志範圍太廣闊，幾可包含所有寫詩者（不一定叫詩人）的「動機」。

或有詩人俱備聖僧之無尚法力，能使死者不死，能喚醒靈魂，能驚天地泣神鬼。「戰爭坐在此哭誰／它的笑聲　曾使七萬個靈魂陷落在比睡眠還深的地帶」、「而死亡在這裏　卻一直沒有死」。（註④）這種詩人，對「詩」必須「絕對效忠」，若有半點不忠，他必將自己「判刑槍斃」！

詩人寫詩還有很多動機，但若按個體心理學大師阿德勒（Alfred Adler, 1870-1937）所說，人類一切行為都出自「自卑感」及對自卑感的克服。（註⑤）若是，則詩人的創作行為源於自卑感及對自卑情結的克服，從李白杜甫到現代余光中和我等皆是，諸君是否認同？自卑於自己尚無可傳世經典作品，因此更加努力寫詩，一本本詩集出版，而經典未出，再努力以克服自卑。

以上四種情形，吾以為只能解釋台灣詩壇百分之一現象。而百分之九十九叫「詩人」的（暫以有詩集出版），前述動機都不足以「充份解釋」。詩人曾美霞這首〈酗告白〉或許揭發一些真相。（註⑥）

有人酗酒　說是借酒澆愁
總是陶醉於天地間的旋轉之美
有人酗咖啡　為了提神
清晨那一杯　是美好一天的開始

有人酗戀愛　靠愛情滋養人生
徜徉伊甸園　偽裝年輕
企圖回到青春歲月

被人告白也會上癮
酗告白
只是為了證明自己存在的價值

聽慣了各式各樣的告白
餵養了越來越自戀的胃口
有時候會思念起誇大的吹拍奉承
有時候會回憶起真誠的傾訴心聲
經常反芻的還有那些
講究排場的　塑造氣氛的

精心設計的　隨機應變的
美麗動人的辭藻

嗜甜的人隨處可以拿到糖
嗜辣的人很容易取得辣椒
嗜告白的人
沒有足夠解癮的告白者
只能一再一再自我催眠
而一次次的自我告白
最終可以換來
一本本的詩集

先從詩學論，這首詩用了兩個字「酗」和「嗜」，比喻詩人的創作心路歷程和行為，可謂化「腐朽貶損」為「神

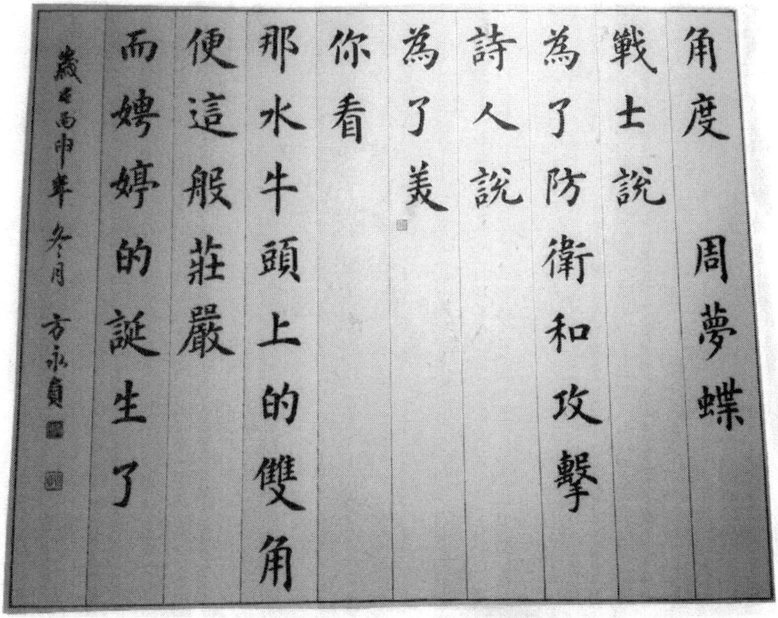
角度　周夢蝶
戰士說
為了防衛和攻擊
詩人說
為了美
你看
那水牛頭上的雙角
便這般莊嚴
而娉婷的誕生了
資料來源：網路

奇加值」，讓整首詩鮮活了起來。美霞善於創新詞新意，在不少作品皆有這種功力，顯見她對於方塊字的搬運，在詩壇上是有其個殊性了，所謂個人風格由此而出。

酗酒者酒鬼也，「嗜」亦不正當的愛好成癖，如嗜賭者賭鬼，嗜毒品者毒鬼，嗜慾者色鬼，皆是極差之貶意。但用於「酗詩、嗜詩」，不就是「詩鬼」！是對詩人僅次於仙聖佛的極高稱頌，詩鬼古已有之，吾國大唐時代詩人李賀素有「鬼才、詩鬼」美稱。（註⑦）詩人因「嗜詩成癮」，如酗酒者要找酒

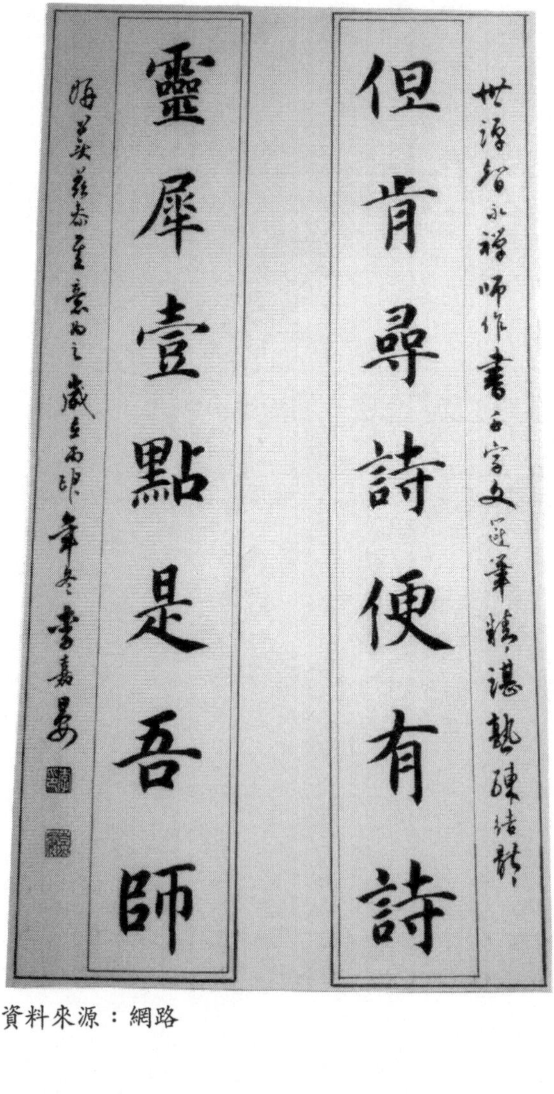


資料來源：網路

喝，嗜毒者要買毒吃，而嗜賭者非要賣了房子上賭場，都為「解癮」，癮不解很痛苦！

詩人也一樣，「詩癮」不解也很痛苦，一定要不斷以詩告白，才能度日。「只能一再一再自我催眠／而一次次的自我告白／最終可以換來／一本本的詩集」。可以這麼說，古今中外，凡是詩人嗜詩如酗酒成癮，一輩子埋頭寫詩，大概就叫「詩鬼」了。

另外討論一下〈酗告白〉文字未述之背後，一個人為何會「酗或嗜」於某物或方面。例如，一個人為什麼會成為作家詩人、酒鬼、賭鬼、流浪漢、赤貧者、政客、漢奸、孝子、敗家子……必然可以追出「先天」和「後天」兩種環境影響，終成習慣使然，這是最簡化的解釋。以我所研究「華文現代詩點將錄」為例，含筆者在內共九人（另有：彭正雄、鄭雅文、林錫嘉、曾美霞、許其正、莫渝、陳寧貴、劉正偉），都是在很年輕時有接觸文學環境的機會，長久成習慣加上自己興趣的努力，乃一輩子「酗」文學。假設，我等在年少時接觸的是吃喝嫖賭或黑道等，長久成嗜成癮，想要「金盆洗手」很難。或許這九人組成的不是詩社，而是竹聯幫「台北分堂」，乃至自立幫派，組成討債公司，過著打打殺殺的日子……

當然，「環境決定論」只是一種「理論」，並非「定律」，還是有很多不同模式或例外，「歹竹出好筍」正是。有的詩人酗一輩子詩，有的酗一段時日就「戒」了，也必有很多因緣關係。「戒詩」的原因，通常就在「詩」中，寫來寫去寫不出東西，當然就「戒」了。所以，要寫出像詩的「詩」，也不容易。按筆者觀察，現在台灣詩壇「酗詩嗜詩」者眾，「玩詩」的心態很多，這道理不難理解。當天下可為，政治和社會環境良好，必「入世」尋求各種機會；反之，天下不可為，社會黑暗，政局動亂，文人就想要「出世」，走入文學「避風港」。詩歌文學藝術，自古以來就是人的「避風港、防空洞」，台灣詩壇酗詩者眾，這些因素很高。社會太黑，政治太腐，人生太苦，內心孤獨，何不來玩詩玩文學！管他〈詩的樣貌〉是長得什麼樣子！（註⑧）

省察人生，用美麗的句子
體會自己的以及他人的記憶
探險未知的旅程，考古偉人的過去，
吟唱出悅耳的歌聲。

用童稚的真誠，捕捉魔幻綺麗，
帶領人們尋求快樂的夢奇地。

以滄桑的含蓄，透視人間的偽裝，
沉迷於挖掘心靈，消費他人的痛苦。

重申美好往事，補充了缺憾。
從青春走到熟齡，留下歲月的痕跡。
略過不表，故意遺漏一些不堪。
維護僅存的尊嚴。

預言悔恨，教人塗抹記憶，
飽足了某些飢渴，救贖了某些罪愆。
將平凡昇華，美化愛情，
意圖重置每一個細節，扭轉結局。

舞弄象徵，依賴明示隱喻，
還不忘故作姿態，盡情的欲語還休。

埋下神秘伏筆，給出懸念，
頓悟的瞬間，一首詩於焉問世。

這首〈詩的樣貌〉，女詩人透過一首詩的表達過程，討論也是反思古今中外所有詩論家和詩人，心中所思對於「詩」的全部問題。從本體論到方法論，約略可以包含以下各項。

◎本體詩論：詩言志是個終極本體，惟「志」太廣泛，意向、志向、思想、感情、情緒……只要內心之志均屬之。吾以為，能以詩言志固然是好，但就現在台灣詩壇眾多詩人「玩詩、玩志」，有何不好？只要玩的開心高興都是「言志」，省察人生或考古偉人，「吟唱出悅耳的歌聲」，均有益於世道人士。

◎藝術靈魂：「**用童稚的真誠，捕捉魔幻綺麗/帶領人們尋找快樂的夢奇地**」，真、善、美，永遠是文學詩歌的藝術靈魂。一件作品，失去三者之一，即難以成為「佳作」，成為經典就免提了。

◎方法詩論：「以滄桑的含蓄，透視人間的偽裝」、「舞弄象徵，依賴明示隱喻」，現代詩的技巧和古詩大同小異，同樣在意象、意境、含蓄、比喻等下功夫，功夫有深淺，一段是功夫，九段也是功夫，其深無底。

◎結構布局：一首詩、一篇散文，乃至百萬言小說，都必須是一個「完整的宇宙」，三行小詩亦如是。所以，「**略過不表，故意遺漏一些不堪**」、「**意圖重置每一個細節，扭轉結局**」、「**埋下神秘伏筆，給出懸念**」。這些是結構和布局的技巧，也是成為好作品的關鍵。

◎靈感火花：「**頓悟的瞬間，一首詩於焉問世**」。何謂「靈感」？也是古今中外文壇眾說歧論，但有「靈感」是可以確立的共識，且靈感和知識、生活體驗有直接關係。是故，沒知識又沒常識的，不會有靈感，也就談不上什麼創作了。

詩人創造詩，詩是被創造者，這就有了人我、主客、物我等對立關係。天下之不可為，政局之動亂，社會之黑暗，世界之不和平，人際關係之對立等，本質上就是人的分別心引起。若能消除這種分別心，便可「物我合一」，人我同體，這是一種境界。人和詩之間關係可以互換，沒有主體客體之分，無創造者和被創造者之別。是故，從詩的地位可以幽默的說，〈詩偷走人的感情〉。（註⑨）詩也在酗詩人，詩也有癮要解，想要告白，神奇吧！女詩人又發揮「顛倒創意」之功力。

為一首詩歌悸動
不是年少的心靈脆弱
被一行詩句吸引
不是青春年華太多憧憬
只因為詩，總是偷走人的感情

詩，並不限定愛情的結局
但往往設下陷阱
無論是喜劇收場還是悲劇重演
一律歌頌愛情，教人嚮往愛情

詩，將人生的精華化為一格畫面
或是一把鑰匙，一串密碼
不知道哪一首詩，會在哪一個時間
開啓哪一個封閉的心靈

讓希望的光照射進來
當時光飛逝，從前已經過去
仇恨與醜陋，逐漸褪色脫落
一切的美好依然停留在詩中
曾經吟誦的草地陽光，雨滴雲朵
彷彿從來不曾離開
人生，脫不開歲月的關照
自己能掌握的其實不多
除了詩

詩掌握了「話語權」，故敢於高調酗詩人，「詩，並不限定愛情的結局/但往往設下陷阱」，這意味著詩也在主動「吸引」詩人。就詩學論，詩「興」說形式之一的「物來動情」，正是以客觀有情詩意先對詩人產生刺激，引起詩人的情感波瀾，詩人才「解癮」告白。

詩人因嗜詩成癮，所以人生別無所有，兩袖清風，只剩下詩，詩的立場也同情詩人，所以對詩人也要有所啟蒙。「詩，將人生的精華化為一格畫面……讓希望的光照射進來」。顯然，詩和詩人相依為命，二者人生都要相互關照，詩人能掌握的剩下詩，詩能掌握的也剩下詩人，二者已沒了分別心，誰偷了誰的感情？有何分別？

## 小結

本文經由女詩人的三首極有創意詩作，論述並反思詩人為何如酗酒般的「酗詩」？為何嗜詩成癮？詩的樣貌是什麼？也就是怎麼才叫做「詩」？

古今詩論家已有很多對於「詩」的定義，但放眼看目前台灣詩壇「玩詩」者眾，對詩的定義已是百花齊放，只要「我高興」都可以。對於眾多這類詩人，其心態並不在文學使命，不在乎什麼「歷史定位」經典作品等。剩下少數有志於詩創作的詩人，還是要正經地向先賢取經，看他們如何說「詩」：

《尚書・舜典》：「詩言志，歌永言。」

《詩大序》：「詩者，志之所之也，在心為志，發言為詩，情動於中而形於言。」

白居易：「詩者，根情，苗言，華聲，實義。」（〈與元九書〉）

嚴羽：「詩者，吟詠情性也。」（《滄浪詩話》）

袁枚：「其言動心，其色奪目，其味適口，其音悅耳，便是佳詩。」（《隨園詩話》）

亞里斯多德：「詩是敘述或然之事及表現普遍的。」（《詩學》）

雪萊：「詩可以界定為想像的表現。」（《詩辯》）

高爾基：「真正的詩，永遠是心靈的詩，永遠是靈魂的歌。」（《論文學》）

如前所述，詩人即酗詩嗜詩，便獻身於詩，應「酗」出真正的詩，心靈的詩，若能酗出「動心、奪目、適口、悅耳」之詩，或許正是傳世之作。女詩人曾美霞以小說起家，又以「業餘詩人」角色，作詩立說，以詩的形式討論詩的創作若干命題。在她《山動了》詩集，也有一首闡述如何創作好詩，〈詩文之戀〉說了什麼私房秘訣？做本文結論之雅賞。（註⑩）

你說
文是飯，詩是酒
又說
無飯令人瘦　無酒令人俗
於是
我用相思釀酒　滴滴呼喚
你用熱情舉炊　粒粒渴慕

披著燦爛星光　提一壺酒
踏著皎潔月色　攜一簞食
啜飲我的詩　吟來聲聲寂寥
咀嚼你的文　讀出朵朵烈焰

月落時
酒足飯飽　欣然凝望

星沉後
兩心契合　渾然忘我

我聽三位詩壇好友私下說，「酒和女人是詩的溫牀，無酒無女人，寫出來的詩沒有光彩，沒有熱力。」凡此多少有點道理。李白斗酒詩百篇，西方亦有一學派認為，Libido 是文學創作的動力，「力必多」當然就有生產力和創造力。「**星沉後／兩心契合　渾然忘我**」，除了客觀景物的醞釀，加上「力必多」作用，渾然忘我之際，好詩於焉誕生。除了詩，詩人本身要如何成為一位「真正的詩人」？而不是「玩詩的人」。吾國宋代詩人陸游告誡兒子，「汝果欲學詩，功夫在詩外。」這「詩外」所指是生活體驗、時代精神、感受能力；而「詩內」功夫，向傳統詩歌取經，向民歌學習，創作新詩的新生命。

不論詩外詩內，詩之深妙無底，詩學問之大無邊，詩之存在亦無處不有，就存在生活中、身邊事。凡我「酗詩嗜詩」的詩人，「經典尚未產出，詩人仍須努力」，再酗！再告白！再解癮！

## 註釋

①隱地，原名柯青華，一九三七年出生在上海，浙江永嘉人。他是「爾雅出版社」創辦人，現在出版品只有「少量印刷」幾成垃圾，是隱地的感慨，但爾雅創社以來出版過至少七百本文學作品，有很多是暢銷的經典，是一大貢獻。

②楊喚，《楊喚詩集》（台中：光啟出版社，民國七十三年元月第十三版），頁五。楊喚，民國四十三年三月七日，死於台北西門町火車輪下，才二十五歲，真是詩壇巨大的損失。

③吳鈞，《魯迅詩歌翻譯傳播研究》（台北：文史哲出版社，二〇一二年八月），第一章。

④羅門編，《麥堅利堡》特輯（羅門創作大系⑦）（台北：文史哲出版社，民國八十四年四月十四日），頁三、一三七。

⑤阿德勒著，葉頌姿譯，《自卑與生活》（台北：志文出版社，民國七十三年元月）。

⑥曾美霞，〈酗告白〉，《華文現代詩》第八期（台北：文史哲出版社，二〇一六年二月），頁六四。

⑦李賀，生於唐德宗貞元六年（七九〇），卒於唐憲宗元和十一年（八一六），卒年才二十七歲，只比現代的楊喚多二歲。他的詩嘔心瀝血，極思另闢蹊徑，構思奇特，在當時就有「鬼才、詩鬼」之稱，大唐詩人李白詩仙、杜甫詩聖、王維詩佛，四大家都是人間文學奇才，人類共

同的珍貴「文化財」。

⑧曾美霞，〈詩的樣貌〉，《秋水詩刊》第一六六期（台北：秋水詩刊社，二〇一六年元月），頁九八。

⑨曾美霞，〈詩偷走人的感情〉，《華文現代詩》第十一期（台北：文史哲出版社，二〇一六年十一月），頁七七。

⑩曾美霞，〈詩文之戀〉，《山動了》（台北：文史哲出版社，二〇〇三年十一月），頁七四－七五。

# 第十一章 人生這仗要怎樣打？想和做之間

人生有一場接一場的仗要打，這是每個人從年輕就知道的事，老師長輩總是教導你，未來要面對很多硬仗，每一仗都是人生成敗的關鍵，或教你怎樣打仗！才能開創美好光明的前途。

我們一路走來，要到一定年歲加上深刻生活體驗，加上有幾分自覺性，才懂得人生路要怎樣走！仗要怎樣打！想和做之間如何取捨！如女詩人曾美霞的幾首詩，〈以前和以後〉、〈我們其實知道〉、〈很想擺脫〉、〈傘內傘外〉等，以其深刻與自覺的人生歷練，在詩意詩外，都引領讀者思考這些人生命題，若能靜心專心深入閱讀，多少有些「啟蒙」作用。

我說一定年歲才會思考人生命題，雖是「普遍性現象」，但普遍不代表全部如是。例如，你說「天下烏鴉一般黑」，因你看到的都黑色烏鴉，未見「白烏鴉」，所以「天下烏鴉一般黑」是錯誤命題，不能成立。也就是說，人的智慧也有例外，有些人很小就有自覺性，知道自己要走怎樣的人生路。玄奘大師（唐・三藏法師）的哥哥在洛陽淨土寺出家，當時只有十三歲的玄奘也想出家。在吾國大唐時代，出家要考試，玄奘被從考場趕出來。考官說：「你才十三歲，怎麼可以出家？」年幼的玄奘聽後，坐在門口哭起來。

主考官鄭善果看到小孩在門口哭，過來問：「小朋友，你哭什麼？」「我要出家。」「小小年紀出家要做什麼？」「我要紹隆佛種，光大遺教。」主考官大人聽著一驚，「小小年紀就曉得要光大遺教，紹隆佛種。好！小朋友有大志願，特別給你開個方便門。」就這樣，影響後世全人類之一代大師誕生了。

人生路要怎麼走？要怎麼打人生這場漫長的仗？網路流傳一則幽默笑話，極有哲思。唐僧一行大功告成，功德圓滿回到長安，大批記者來採訪，問「怎樣才能克服萬難，勝利而還？」三藏大師說：「只要有信仰有決心一定成功。」問到孫悟空，他說：「靠本領，功夫夠強。」沙悟淨答說：「只要跟對團隊就好。」豬八戒說：「跟對了師父就好。」

雖是笑話，其實都講到人生成敗的幾個關鍵點。信仰、決心、本領（專業功夫）、團隊和領導者。古今中外聖賢大德的成功案很多，孔子、孟子、孫武、范蠡、唐三藏，西方古希臘聖者、近代尼采、盧梭……很多故事，現代人很難「複製」照用。但有些普遍性法則可以遵循，如佛經《佛說義足經》詩偈曰：「**如行車於路，捨平就邪道；前途坑與曲，危險所之來。**」人生路如行車，走平坦正直的路，走崎嶇邪道很危險，只是有時人很奇怪，往往「天堂有路你不走，地獄無門你自來」。

未聞有人說人生這一仗是好打的，大約從我們上幼稚園，就開始認識怎樣走人生這條路？怎樣打人生這一仗？按佛法說只要依「八正道」（正見、正思、正語、正業、正命、正勤、正念、正定），人生行路必是光明的坦途。我等諸君也打了一輩子的仗，從少年、青壯、中年、熟齡，每個階段的戰場、目標、規模、對手，都是不一樣的仗。再者，在這五濁惡世（劫濁、見濁、煩惱濁、眾生濁、命濁），正道未必勝過邪道！在古今每個世代裡，都有過正道式微隱逸，而邪魔在上橫行。所以，人生無數大小戰役裡，那有可能「役役成功、功德圓滿」，成敗是常事，「大業」未成，想來也不須太計較，一切自有因緣。詩人曾美霞對人生戰場的「戰爭哲學」如何論述？她引領讀者思考怎樣的人生命題？賞讀〈以前＆以後〉。（註①）

以前我總是說
我以後要……我以後會……
那時候我有很多的以後
每一個以後都是偉大美好又充實

當一個個的以後快速地來到眼前
變成現在
每一個現在卻是短暫混亂又飄忽

很快　超乎想像的快
似乎僅僅只是一個沒注意
那些以後　那些現在
就都過去了

不知道從什麼時候開始

掛在嘴上的　變成了
我以前是……我以前有……
於是我有了越來越多的以前

而我所期待的那個美好的以後
並沒有偉大的桂冠
我告訴自己
在場上賽跑的都努力的跑
但得獎賞的只有一人

失落　還是必須接受
畢竟　美好的仗我已經打過

——提摩太後書，保羅告訴提摩太：「那美好的仗我已經打過了。」保羅曾經提過，「在場上賽跑的都跑，但得獎賞的只有一人。」

假如沒有一大把年紀，不會有如此感慨！「不知道從什麼時候開始／掛在嘴上的　變成了／我以前是……我以前有……於是我有了越來越多的以前」。尤其是退出職場的銀髮族，當了阿公阿媽或拿到「老人證」的人，都是很多的以前，很少的以後，到了更老的就根本「沒有以後」，這是人生的真實。

人在年輕時的理想似乎很少有人完全實現，年輕時所期待的未來通常不是單一目標，而是一個美麗的王國。對多數人而言，「我所期待的那個美好的以後／並沒有偉大的桂冠」，這幾乎是人人要碰到的，只看自己用什麼心態面對。常言道是「人生無常」，生涯規畫要做的都落空，所做所得到者皆意外，這是人生的弔詭處。但我很欣賞有信仰、有信念有能「始終如一」的人，這種人雖過程中會有很多困境，甚至很多失敗，最後成功就是一個「感動天地的果」。有了這種「戰果」，就算窮一生努力也是值得的，如唐三藏、奧德賽。（註②）他們一生的奮鬥精神深值我們學習，凡是想在人生戰場上成為勝利成功組，要向三藏大師、奧德賽學習，有信仰、有信念、有堅持，這比得獎重要。

只可惜，這世間存在「應然」和「實然」兩個界層的問題。應然者，我們應該怎樣做？例如我們應該孝順父母，應該有信有義，應該友愛兄弟，應該努力工作……應該遵守一夫一妻，四維八德都應該……

實然者，實際上能做到多少？談不上孝順當「靠北」，無情無義，兄弟互殺，好吃懶做。有機會就搞個「小三」或「小王」，四維八德成了古物封建……當然並非人人如是，但人人亦可自問：「距離應該有多遠？」在佛教《阿含經》中，把人「應作而不作」叫「非人」，即不像個人，詩偈曰：「應笑而不笑，應說而不說，應喜而不喜，應作而不作。」凡此，皆是「非人」。在人類總數中，多數可歸類在「非人」，人為何會成為「非人」？人是宇宙至今所知最聰明的物種，人人都知道自己是「聰明人」，絕非笨蛋，只是故意使壞。人生這仗要怎樣打？該怎樣打？想和做之間該如何取捨？大家心裡清楚，〈我們其實知道〉。（註③）

很多時候，我們其實知道眞相是什麼，只是我們不想承認，不想接受，於是假裝不知道……每個人都有迷戀，有些迷戀的熱度很快耗盡，所以要保留一些衝動，給值得花費的事物……在迷戀的狂熱中，總認爲這是最後一次，帶著這樣的衝動，迷戀者享受現在，體驗當下，把握瞬間，抓住刹那。我們其實知道，這時候說什麼都是多餘的。

人大多時候真是矛盾，該打仗不打仗，應該做而不做，明知故犯，我們其實知道真相，可見當好一個合乎應然條件的人是不容易的。我們有所迷戀，迷戀於享受現在，許多事也身不由己，失去掌控自己人生路的能力，詩人應該是最自在的一族，我敬佩又同情陸游，敬佩他是詩人又是革命軍人，他就想上馬打仗。

陸游二十七歲參加臨安「鎖廳試」，勇奪魁首。也因此得罪奸相秦檜，次年禮部會試其考卷被藉故剔除。他是愛情戰場的失敗組，與表妹唐婉的婚姻被母親拆散，另娶王氏女，〈釵頭鳳〉就此誕生。他二十歲時就有從軍大志，寫詩明志「上馬擊狂胡、下馬草軍書」，但直到四十歲才正式成為一個「革命軍人」。

陸游字務觀，號放翁，浙江紹興人。他存詩傳世有九千多首，為吾國歷代詩人之冠。是偉大的詩人，又是軍人，在四川宣撫使王炎軍營，襄理軍務，這是南宋的抗金前線，陸游很興奮，寫了很多愛國詩歌。

很多時候，「我們其實知道」，宋高宗知道，秦檜也知道，中原要恢復，國家要統一，但因為一己權力之私，迷戀大位，深怕大位不保。**「迷戀者享受現在，體驗當下，把握瞬間，抓住剎那。」**管他國家民族！管他是非正義！管他死活！管他忠奸定位！順我者生，逆我者死！這才是他要打的仗，才是他要做的事。

有一老翁問高僧：「如何可以成佛？」答曰：「眾善奉行，諸惡莫做」，老翁疑惑的說：「就這麼簡單八個字，八歲小朋友也會說。」高僧回答：「八歲小兒說得，八十老翁做不到。」可見說和做之間的距離，真是比參商更遙遠！三千大世界裡，你能左右的，你能做的是什麼？賞讀〈傘內傘外〉。（註④）

我買了一把傘
一把沉鬱莊重的黑傘
傘的裹面畫著藍天白雲

陰雨天　打開傘
我撐著藍天白雲
走在落雨不停的陰霾中

儘管外面的大千世界霧靄蒼茫

傘下的小小宇宙卻是別有一番清明
彷若日出破曉前的朦朧

雖然僅僅是　微微的　渺渺晴光
恰恰足夠維繫我那脆弱的希望
撐著　撐著
直到風雨過後

我知道
大自然的陰晴　從來不能拒絕
我能左右的　只是自己心中的
喜怒哀樂

詩人面對人生這場硬仗打了幾十年了，經歷過無數「想」和「做」的取捨折騰，人生路何止走過八千里！總結在這首詩的「外境戰場」（社會環境），又黑暗又沉鬱，未來的希望很微渺、很脆弱！

這首詩也用了二分法，把世界一分為二，客觀環境和主觀內在世界形成鮮明對比。世界永遠不會和平，社會黑暗永遠不會全是光明，地獄也是永遠不會空，但地藏菩薩心中的地獄早已成空；詩人亦是，只有「傘下的小小宇宙卻是別有一番清明」，只剩詩人的內心世界有藍天白雲，外面真是太黑了！

黑傘只是一個意象，一種詩語言，象徵沉重、黑暗。詩人不會買黑傘，筆者也未見女生用黑傘，只是用黑傘區隔視覺和心情，劃開「絕望的世界」和「希望的世界」。「雖然僅僅是　微微的　渺渺晴光／恰恰足夠維繫我那脆弱的希望／撐著　撐著／直到風雨過後」，詩人期待風雨過去，世界光明到來，社會永不黑暗；如同地藏菩薩期待有一天，地獄成空，這麼久了，祂老人家仍在撐著！撐著！

地藏菩薩知道，詩人知道，我們其實知道，大家都知道，「大自然的陰晴　從來不能拒絕／我能左右的　只是自己心中的／喜怒哀樂」。任何人或地獄中的壞蛋，願不願意受度？何時才會得道或「出獄」？佛陀、觀世音和地藏菩薩是無權亦無力左右的，眾生都只能自救，此外誰也救不了你。所謂的「修行」，不外修自己的喜怒哀樂，〈企管〉科在國內外始終熱門，企管大師認為「終極管理」就是管理自己的喜怒哀樂。

假如，人確實可以做到「我能左右的　只是自己心中的／喜怒哀樂」，已是很高的境界，表示可以做到「不以物喜、不以物悲」。佛經《大般涅槃經》說，「若於一眾生，不生瞋恚心；而願與彼樂，是名為菩薩。」另《大智度論》亦說，「瞋為毒之根，瞋滅一切善；滅瞋諸佛讚，滅瞋則無憂。」人一輩子在與外境外敵打仗，都說敵人又壞又頑強，總是忘記或不知，自己才是最難克服的敵人；人生路上想做很多事，都怪外境江湖，太險惡到頭大業理想盡成空，從未反思自己內心是否充滿「五毒」（貪瞋痴慢疑）？

## 小結

倫敦《金融時報》曾就全球二十多萬冊財經企管書籍，邀請各國具代表性的企業家，票選出心目中最具影響力的商業著作。美國麻省理工學院教授彼得．聖吉（Peter M. Senge），於一九九〇年出版的作品《第五項修練》榮膺榜首。（註⑤）這第五項修練，以學習型組織「系統思考」為核心思維。其前四項修練，分別是自我超越、改善心智模式、共同願景和團隊學習。一九九四年，聖吉再推出《第五項條練＝實踐篇》。

詩壇上有一種迷思，謂詩人沒有市場概念，不懂行銷管理，系統思考就別提了。吾以為，當然是，若有那種頭腦，早已當企業家，何必當詩人？但廿一世紀的詩人要面對險惡分歧的環境，應該學習更高明的思維和方法；廿一世紀詩人要打的仗，想做和要做的事，已完全不同於往昔，這五項條練可以讓詩人們，更寬廣揮灑你的詩國大業，而不淪於「孤獨國」國主。

## 註　釋

①曾美霞，〈以前 & 以後〉，《華文現代詩》第五期（台北：文史哲出版社，二〇一五年五月），頁六七。

②古希臘詩人荷馬（Homer），留下《依利亞德》（Iliad）和《奧德賽》（Odyssey）兩部巨著。《奧德賽》是敘述特洛依域陷落，攸力栖茲（Ulysses，攸力栖茲又叫奧德賽）飄遊的故事。如果他沒有堅定的信念，他不可能回到故國與妻兒團圓。

③曾美霞，〈我們其實知道〉，《華文現代詩》第二期（台北：文史哲出版社，二〇一四年八月），頁一四八。

④曾美霞，〈傘內傘外〉，《華文現代詩》第二期（台北：文史哲出版社，二〇一四年八月），頁七六。

⑤朱玉昌（元智大學中語系兼任助理教授），〈彼得．聖吉與他的修練〉，《人間福報》，二〇一七年四月二十三日B2版。

# 第十二章　你是否「玩膩了戴面具的遊戲」？

曾美霞的作品，不論是小說、散文詩或現代詩，都善於捕捉人生與社會百態，尤其現代社會流行的「普遍性現象」。那本《消失的紫》小說集最精彩，十篇短篇小說裡，篇篇都是「小三」和「小王」的糾纏。（註①）寫盡現代社會的流行話題，且布局精巧，引人入勝。她的詩，也可以說是現代社會的意象詩寫，如前面各章，基本上都是建立在真性情的寫實主義作品。

這章舉例賞析的兩首詩，除了是現代社會「普遍性現象」，筆者以為更是現代社會「普遍性的嚴重問題」，是嚴重的「社會問題」。〈密碼密碼〉和〈匿名〉，二詩所呈現詩外的社會現象，是人變得極不誠實，人人都不以「真面目」示人，人與人之間完全失去信任，成為一種「人人自危、人人不安」的社會。詩人一輩子在台灣，詩寫台灣社會，這是現在台灣特有的景象嗎？還是台灣的悲哀共業？

筆者以為不是，古今中外社會皆有這些現象，差別只在「程度」多少，「普遍率」多少？現代社會之所以特別嚴重，是因為現代社會是「開放社會」，很容易「被入侵」，讓生命財產受到傷害。根本禍因在民主政治、資本主義、自由主義、個人主義，這些失控變質的「東東」瓦解了傳統倫理道德，最基本人與人的信任就崩解了。人為自保不僅要消極的防禦戰略（戴面具），更要有積極的攻勢戰略（欺騙人），騙朋友、騙親人、騙全民、騙天下人，古已有之，只是現代社會日愈嚴重。

但，某種「現象」在人類社會，古已有之，只是不同的嚴重程度，必然和人性有關，這是人性的一部份。例如，很多人樂於布施、助人，曰：「人性本善」；很多人極自私、邪惡，曰：「人性本惡」。亦有主張人性本「厚黑」，《厚黑學》一書開宗明義說。（註②）

> 不薄謂之厚，不白謂之黑，厚者天下之厚臉皮，黑者天下之黑心子。此篇乃古人傳授心法……天命之謂厚黑，率厚黑之謂道，修厚黑之謂教；厚黑也者，不得須臾離也，可離非厚黑也。是故君子戒慎乎其所不厚，恐懼乎其所不黑，莫險乎薄，莫危乎白。是以君子必厚黑也。喜怒哀樂皆不發謂之厚，發而無顧忌，謂之黑！厚也者天下之大本也，黑也者天下之達道也。至厚黑，天地畏焉，鬼神懼焉。

李宗吾把「厚黑學」分三層修習，初級「厚如城牆、黑如媒炭」，中級「厚而硬，黑而亮」，高級「厚而無形、黑而無色」。要修到「無形無色」，才算止境，到了這個境界，不戴面具也能騙走天下人，乃成大功立大業之無上戰略法寶。

除人性本善本惡、厚黑之外，還有人性自卑。個體心理學開山鼻祖阿德勒（Alfred Adleer, 1870-1937），創建以「自卑情結」為中心思想的新心理分析學派，他認為人類一切行為都是自出「自卑感」及對自卑感的克服。（註③）所有的人都有自卑感，這會影響人一生所有行為，它在一切人類奮鬥的最底層，人類社會的發展可以說是人克服自卑感的過程。特別是童年成長過程中，那些被寵壞的孩子，還有那些被疏忽的、不被期望的、長相醜陋的孩子，他們充滿委曲，最易於發展更嚴重的自卑情結，他們膽怯無能，最愛欺騙別人，把欺騙視為理所當然。所以，很多人一輩子無法克服自卑感，終其一生喜歡「戴面具」生活，亦從未以「真面目」示人。

以上諸說，余以為皆「一家之言」，不能解釋所有人類的所有行為。假如人性本善，為何那麼多邪惡的人？假如人性本惡，為什麼有很多善良的人？假如人性厚黑，那黃花崗七十二烈士為何願意犧牲？假如人人都是自卑的，英國女王也是自卑的嗎？希特勒或美國總統也自卑嗎？

現代社會你所見任何人，包含親人，也都有很多「保留」，美其名曰「隱私權」，但剝開真相是很複雜的（如前述民主等質變原因），若有政治操弄使人心人性異化（如台灣），則複雜而可怕。潮流如斯，大勢如是，人們永遠不會「玩膩了戴面具的遊戲」，日久更成習慣。賞讀〈匿名〉。（註④）

名號是身體的外衣
強化了身分，也隱藏了身分
脫下燕尾服，換上夜行衣
紳士與盜賊瞬間轉換
乳名學名真名是父母的期待
筆名藝名假名是自己的選擇
隱藏真名，戴上面具
是壓抑了真我

還是解放了真我
身在五里雲霧中神秘莫測
心思隨之飄搖如失控的風箏
不受約制管束的自由
感受到前所未有的海闊天空

匿名的人沒有影子
敵明我暗是安全的遮蔽
躲在闇黑角落
掏挖心底深處積澱的邪惡
無所畏懼

如同初吻的神奇滋味
出擊成功的魔力慢慢讓人著迷
上癮後，很難戒除

再也不習慣以真名露出真面目
直到匿名千遍也不厭倦

無名氏為善不欲人知
匿名者為惡須要隱瞞
科技還不能生產隱形藥水
隱形披風只存在傳說中

匿名的人，還是有腳印
凡走過必留下的足跡不會消失
當蛛絲馬跡或是雪泥鴻爪
緊緊牽繫
深深烙印
也許在交織纏繞的沈淪中
匿名者玩膩了戴面具的遊戲

想要重新尋找父母的期待
來到這世上的初衷

驀然回首
將會發現那個久違了的
真名真姓真身的
真我
就在燈火闌珊處

第一段詩寫人性的矛盾，人是個「惡善共同體」，真假的結合體，永遠找不到「終極定位」。「**脫下燕尾服，換上夜行衣／紳士與盜賊瞬間轉換**」，人的心態和面貌，白天和晚上不一樣。用「紳士」和「盜賊」形成強烈對比，創造強烈的矛盾情境。如同父母的期待和自己的選擇，總是經常處於矛盾狀態，似乎人生是一條矛盾的路，始終不知道方向何處？

把自己藏起來，再戴上面具，藏於人海之中，藏於光天化日下，則可「瞞天過海」。這種感覺像解放，「身在五里雲霧中神秘莫測／心思隨之飄搖如失控的風箏／不受約制管束的自由／感受到前所未有的海闊天空」。若不為惡，這也真是逍遙遊，頗有境界；若是為惡亦無人知，惟天知地知己知。但像這位曾是十項運動國手，是現代蒙面俠，他戴面具是可敬？

資料來源：人間福報，2017年4月29日

隱藏身分為惡很可怕，算是最成功的「地下工作人員」，來無影去無踪。「匿名的人沒有影子……無所畏懼」，這是諜報電影情境，若有情報人員能有這樣「隱形」功夫，可保證達成任務，而自己全身而退，回來領取大筆獎金。

人是一種「習慣」動物，不論為善為惡，或始終戴著面具不善不惡，都是習慣使然。經常寫詩，習慣了成詩人；喜歡騙人，習慣了成騙子，諸行皆如是。為何？習慣「如同初吻的神奇滋味／出擊成功的魔力慢慢讓人著迷／上癮後，很難戒除」。看這世間眾生，吸毒的、盜竊的、玩政治的、吃喝嫖賭……當詩人、當政客、當走犬……似乎都上了癮；匿名隱藏亦是，「再也不習慣以眞名露出眞面目／直到匿名千遍也不厭倦」，就一輩子當隱形人了，生也未生，死也未死？沈淪久了，是否「匿名者玩膩了戴面具的遊戲／想要重新尋找父母的期待／來到這世上的初衷」？吾以為，至少在理論上是肯定的。死刑犯大多在槍決前有後悔，不論動機如何？至少也證明「人之將死其言也善」，眾生都是有救的，只是遲早。

這遲早是何時？當然是愈早愈好，人愈能早有「頓悟、開悟」愈能成為「人上人」。啊！讀者，你何時才會「驀然回首／將會發現那個久違的／眞名眞姓眞身的／眞我／就在燈火闌珊處」。最後這段是整首詩的靈魂，讓人生所有在沈淪中糾纏，取下所有的面具，化為一盞明燈，回到自己的「本來面目」。

本來面目是人的初心、真心、佛心，能否在燈火闌珊處看到「真我佛心」，僅在一念之悟。《華嚴經》詩偈曰：「心佛及眾生，是三無差別，諸佛悉了知，一切從心轉」，悟了是本來面目，不悟就持續戴著面具，當「地下工作人員」，所有對外境與人我之連繫、溝通，全部都用〈密碼密碼〉。（註⑤）

以為避開數理科系
就可以擺脱數字
以為不玩樂透彩
就可以不理睬數字
以為把錢存入銀行
就可以安心渡日

以為有了計算機
就可以快樂幸福

幸福快樂有陰晴圓缺
不必辛苦的計算
但是要牢牢的記住
異類的數字以另一種形態折磨人心

生日要記得
這個長輩那個長官的
你忘了
他們會記得你

密碼絕對不能忘
這個卡片那個帳號

你忘了
它們會直接拒絕你

一串又一串的數字是無形鑰匙
身上輕了
心思重了

以前數字問題可以討論解決
現在數字問題不可告人
屢試屢錯的挫折只能暗自惱恨沮喪

科技日新月異
密碼不斷增加
累積成人類進化的勳章
如果密碼是彼此唯一的信任

虛擬世界的美好浪漫
也只是想像

詩人又記下現代社會的普遍現象，這是現代人的「負擔」和問題。現在的孩子們，父母問他手機電腦密碼，九成是不說的，又為何？民主、人權、隱私權……幾乎所有「正面價值概念」，全都變質惡化誤用，導至現代社會成為一個人人自危、人人不安的「疏離世界」，更是誰也不信誰的「對立世界」，台灣又因政治操弄特別嚴重。密碼一詩有很多文章可作，筆者留給讀者想像。

## 小結

儘管這世界已全中毒了，全被顛覆了，儘管所有的人已變成「非人」，詩人仍要像個詩人。

儘管你所見皆匿名者、隱形者。或如詩人說人間已〈失去春秋〉，「人與人之間沒了中間的緩衝地帶，各自執著於兩個極端，親人不是冷淡就是暴戾，情人不是無語就是爭執，路人不是冷漠就是喧囂」。（註⑥）這世界變了，但詩人不該變，詩人仍要像個詩人，拿下面具吧！

我欣賞曼森（Mark Manson），他說誠實是上策，人這輩子要誠實、坦蕩。我們是怎樣的人，取決於我們拒絕了什麼。

## 註釋

①曾美霞，《消失的紫：曾美霞短篇小說集之二》（台北：文史哲出版社，二〇

### 誠實是上策

不計代價避免拒絕，迴避正面對抗與衝突，試圖公平對待一切，希望一切相輔相成、協調一致，這樣的心態反映深層又難捉摸的「理所當得」。因為自以為是，自以為理所當得，所以自我感覺良好也是天經地義，影響所及，他們習慣來者不拒，因為一旦說不，可能影響自己或他人的心情。由於他們不會拒絕，他們的生活缺乏價值，貪圖享樂，過於自戀。他們唯一在意的是如何讓飄飄然的感覺持久一些，所以會迴避人生中少不了的挫折，假裝痛苦不存在。

拒絕是人生重要又關鍵的技能。沒有人喜歡受困於坎坷的關係裡；沒有人喜歡被不喜歡或不信任的行業綁住；沒有人喜歡心口不一、言不由衷。不過大家還是選擇這麼做，而且一直是如此。

誠實是人的天性，但是人這輩子要過得誠實、坦蕩，必須習慣說「不」或聽人說「不」。拒絕其實會讓關係更好，讓感情生活更健康。

（摘自《管他的：愈在意愈不開心！停止被洗腦，活出瀟灑自在的快意人生》，大塊文化出版）

作者簡介

**馬克・曼森**

**（Mark Manson）**

七年級生，超人氣部落客，讀者超過兩百萬人。同時也是企業家，當過愛情顧問。自二〇〇七年起迄今，馬克已幫助超過三十個國家的人們處理感情和人際關係方面的問題。曾自費出版《模範：和女性交往，誠實為上》（Models: Attract Women Through Honesty），連同有聲書在內，共銷售超過五萬本。目前馬克仍持續寫作，且不時更新他的部落格：MarkManson.net。

人間福報 2017.4.23. B3版

資料來源：人間福報，2017年4月23日

一六年九月）。

②李宗吾，《厚黑學》（香港，中華圖書出版公司，民國六十九年元月），〈厚黑經〉章，頁一一三。

③阿德勒（Alfred Adler, 1870-1937），葉頌姿譯，《自卑與生活》（台北：志文出版社，民國七十三年元月再版），頁一六一－二〇。

④曾美霞，〈匿名〉，《華文現代詩》第十二期（台北：文史哲出版社，二〇一七年二月），頁九八。

⑤曾美霞，〈密碼密碼〉，《華文現代詩》第九期（台北：文史哲出版社，二〇一六年五月），頁七一。

⑥曾美霞，〈失去春秋〉，《華文現代詩》第十期（台北：文史哲出版社，二〇一六年八月），頁一六七－一六八。

# 第十三章　情字這條路，單戀、相愛或分手

世間男女都必然要走過「情」字這條路，不論你婚不婚，你也一定在這條路上掙扎過，做過選擇，有過一些決定。就算出家為僧或去當神父，你對「情」字的思考會比任何人深入。所以，佛教稱「人」叫「有情」，有情眾生主要就是人類。

大部份的女生走過「情路」，似乎都像那首流行歌（台語），〈情字這條路〉（詞：慎芝　曲：鄭華娟　唱：潘越雲），「那會那會同款　情字這條路　給你走著輕鬆　我走著艱苦……你朧滿面春風　我朧在淋雨……不願承認阮的愛你是錯誤　不願後悔何必當初」。這歌也是詩。（註①）說到情路，為什麼別人都是滿面春風？為何自己都在「淋雨」，意味著自己走起來都是艱困難行的道路。這裡面部份是錯覺，部份是詩語言。

儘管世間男女個個會走出不一樣的情路，但「模式」不多，結婚、單身、同居、不婚，還有不正常的，如同性戀、兩性交、隨機「覓食者」、分居婚、暗戀的宅男宅女等，

都是眾生相之一。

詩人曾美霞最善於捕捉，正是有情眾生諸相，前各章大致可算這範圍內。本章則專指情路上的各模式情節，通過這些詩，可以感受到詩人敏銳的觀察力，她對「俯拾即是、不取諸鄰」的所見所感，亦能以感同身受的同理心共鳴，所以她的詩讓人讀起來是有感覺的。賞讀這首〈單戀VS相愛〉。（註②）

◎以為單戀不如相愛
擁有彼此　也就擁有全世界
單戀情懷很浪漫　但很抽象
相愛的甜蜜才是真實
如果能相愛到老
誰還願意單戀

◎◎單戀的空虛
未完待續是我的期盼

已讀未回是你的習慣
牽手開拍
是我設定的夢幻起點
分手殺青
是你畫下的無情句點
冥想劇落幕　現實很無情
回家　煮自己喝的咖啡
疲憊辛勞
午夜　喝自己煮的咖啡
孤單心酸外加苦澀

◎◎◎相愛太受傷
相愛不是一男一女的兩人世界
是男女兩方社群的連環事件
當王子仙女卸妝　落入凡間

仰慕心儀變成鄙視敵對
爭吵上了癮　信賴被撕裂
戀情變了質　平靜回不去
理不清的只剩牽繫與掛念

◎◎◎◎其實相愛不如單戀
單戀不會結束　但可以隱藏
隱藏了就淡薄了　一切不變
相愛容易相處難
愛侶的伊甸園成了怨偶的煉獄
暗夜哭泣　卻不能相互拭淚
如果愛情如此不堪檢驗
相愛真的不如單戀

兩種愛的基本模式，四種假設情境。「單戀不如相愛」，兩人有依靠，人多好辦事，兩人賺錢相加比一人多。而且「**擁有彼此　也就擁有全世界**」、「**相愛的甜蜜才是眞實**」，這果然是很大的「誘因」，才吸引很多人選擇相愛結成夫妻，也才合法行「周公之禮」。畢竟家庭是人生最安全的堡壘，更是人類代代傳承的基石，「九族十八代」得以永續發展。這些偉大的藍圖，都從二人相愛開始，只可惜，藍圖雖偉大，依然是假設，「**如果能相愛到老／誰還願意單戀**」，願天下有情人皆成眷屬。

「單戀的空虛」，當宅男或宅女，一個人無依無靠，當然心靈很空虛。再者，萬一有事，呼天不應，呼地不靈，也較欠缺安全感，晚上一人黑黑、怕怕。「**回家　煮自己喝的咖啡／疲憊辛勞／午夜　喝自己煮的咖啡／孤單心酸外加苦澀**」，反正就是寂寞、孤單、空虛。「單戀」似無一好，為何許多人不婚，也不相愛？

「相愛太受傷」，這句是創造性詩語言，是語言和情境的顛覆，就詩學論，是成功而新奇的詩意構句。從來只聞「相愛才幸福」，未聞「相愛太受傷」！但是吾人所見盡是「相愛太受傷」，為何？

確實，這年頭相愛是很大的「受傷」，上了媒體的，媒體未挖出來的不知多少。更多的是，在隱忍妥協中度日的，最幸運的是你表相成為「模範夫妻」或「模範父母」，實質上只是「台勞」甚至「奴隸」，你完全失去自我。

最慘的，也最普遍的，自從兩人相愛成家後，父母兄弟姊妹的親情一個個斷了，朋友一個個疏遠了，家成為一座牢房，你不過是個「囚徒」。相愛的結果是斷了所有的愛，難怪詩人說「相愛太受傷」，「相愛不是一男一女的兩人世界/是男女兩方社群的連環事件」。然而，民主政治、自由主義和個人主義社會發展的結果，是人際疏離和隔絕，成了「有我無人的社會」。「當王子仙女卸妝　落入凡間/仰慕心儀變成鄙視敵對……」原來相愛代價太高，傷害太大，不婚不生不愛族日愈壯大！

「其實相愛不如單戀」，這首詩有趣的是，詩人用詩的形式進行「現代愛的方式比較研究」，相愛不如單戀是研究結論（成果發表）。一個人生活，當宅男或宅女都是絕對自由，可以我行我素，這才是人生啊！反觀那些相愛的「愛侶」，「伊甸園成了怨偶的煉獄/暗夜哭泣　卻不能相互拭淚」。原來相愛真相如是，還是單戀好，想戀就戀，不想戀就當「孤獨國」皇帝，保持絕對自由，以「真我」行走人間道。再說皇帝總比感情的奴隸有尊嚴，人生當如是。如果尼采是宣布上帝已死的人，曾美霞就是宣布愛情已死的人。

「單戀和相愛」是人對愛模式的兩種選擇，這是一種簡化的二分法論述，只是在真

實世界的情境中，愛的方式無數種，沒有兩種是一樣的，一花一世界，一葉一如來，無論如何愛，怎樣愛，〈放開〉是王道。（註③）

如果你能丈量天涯海角
就能知道你我之間的距離有多遠
應該互相吸引的兩極遠在地球兩端
我不怕遠　不停的向你走去
從天涯到咫尺　直到幾乎碰觸到你
我苦苦等不到你踏出僅剩的一步
已經被強大的力量推開
來自同極的相斥是如此絕決

愛情是彼此的另一半
是五十加五十的平衡狀態
零出資的你　不該擁有對等的權利

百分百投入的我　也不再有任何義務
付出的真情換不到誠意
是你不在乎我　還是我把你看得太重
真心越多　愛傷越深
夢想既然遙不可及
不如保持原來的距離
我會用寂寞填滿你我之間的差異
讓空虛從天之涯到海之角　無限的延伸
永無止境

問世間情為何物？「**我苦苦等不到你踏出僅剩的一步／已經被強大的力量推開**」，只得以死相許，這樣的情節在人世間，每天不知多少齣悲情劇在上演？台灣社會太多「情殺」，已讓島民麻木！

在理想狀態下，「**愛侶是彼此的另一半／是五十加五十的平衡狀態**」。所以兩人相愛的祝福語都這麼說，只是理想終歸只是理想，乃至幻想，回到現實生活，誰也不願意把「百分百的自己」削減「五十」，那豈不虧大了。吃虧的事誰幹？

此外，若再加上權利、義務關係，「資本額」的大小有無等衡量「愛的重量或價值」，那就更複雜了。「零出資的你　不該擁有對等的權利／百分百投入的我　也不再有任何義務」。如是已成「愛情經濟學」，乃至是一種「愛情政治學」，這種愛變質像是商業活動。凡此，都要早早放開、放下，才是另一種幸福之道。

但情字極難「脫困」，有時「放開」了，卻沒有「放下」，仍然是悲情的。「不如保持原來的距離／我會用寂寞填滿你我之間的差異／讓空虛從天之涯到海之角　無限延伸／永無止境」。那麼，人生豈不剩下寂寞與空虛，根本沒有從「情局」脫除，說放開放的不夠開，這是情路難走的道理。假如，能做到〈分手要互相祝福〉，也不失為理性務實的結局。（註④）

分手　再怎麼令人感傷
含淚　也要瀟灑的互相祝福

珍惜共同的記憶
歡樂哀傷　由我們詮釋定義

我們需要有人明白自己
即使什麼都沒説
就像你之於我　我之於你

我們認真歡笑　努力遺忘傷痛
客製化的生活點滴
只能被收藏　永遠無法被取代

如果分手無法避免
不要期待故事倒帶重來
各自向前　也許最後會是好事
如果不是　表示還沒有到最後

要相信生命有許多的可能
不要懊悔曾經做了什麼
不要難過現在做不了什麼
時間會讓我們習慣了痛
至於哭　儘管哭
如果哭不出來
乾脆放聲大笑

含淚的祝福分手，相信是不少人年輕時的經歷，雖是感情的失敗，卻是理性的成功。人生不論任何方面，挫折或失敗常源自情緒失控，這是感情面的問題，所謂「ＥＱ」就是指人對感情、情緒的控制，ＥＱ好有助成功立業，ＥＱ好也表示人的理性選擇。

分手，還能「珍惜共同的記憶／歡樂哀傷　由我們詮釋定義」，表示分手的兩造ＩＱ高、有智慧（不是ＩＱ）。當然，不滿意只好接受，人還是感情動物，分手的痛能不好好哭一場嗎？哭完就讓時間慢慢療傷吧！

像筆者這種「四年級生」，可以說人人都談過不止一次的戀愛，我們在大學時代，「成家立業」是每個人的志向，談戀愛追「馬子」是教室裡最夯的功課，每個同學都全心全力修這門功課。甚至全班辦追「馬子」比賽，大家一起研究方法和檢討成敗。因此，「失戀」是家常便飯，我們承担得起，我們也懂得理性處理感情問題。

曾幾何時，時代先進到了廿一世紀，成家立業、結婚生子已不是年輕人的「志向」，尤其「結婚」更已非現代年輕人的人生選項。當真時代變了，曾美霞的一首〈秋憶〉適宜我這四年級生賞讀。（註⑤）

悄悄的　楓葉就紅了
正如無聲的　鼻酸
遠遠的　西風瑟縮著
就像抽搐的情感
　　踩著未來的歲月
　　憶著過往的日子
燦亮的嫣笑之下

隱透著幾許感傷
多少的人　深印腦海
多少的事　迴盪心底
多少的物　重現眸際
　抖落一手憂鬱
卻揮不去深濃的懷念
想你　想你
——在深秋

我相信眾生都有過單戀、相愛、拒絕、分手……等等某種情路經驗。你看那原野森林裡的獅子、老虎、大象、犬、羊……也都有牠喜歡的對象，在牠們的世界，「愛的戰爭」也是天天開打。尤其大象記憶極好，到了老年，想必是對往昔的情愛初戀的「牠」，還是「揮不去深濃的懷念／想你　想你／在深夜」，何況我們人類，懷念就更深更久了。

為什麼說〈秋憶〉一詩，適合像筆者這種老一輩子人看，因為我們有很豐富的戀愛經驗，單戀、相愛和分手，所有「模式」都經歷過，也知道要怎樣理性處理才不會「意外走火」。這些可供我們在黃昏歲月裡，慢慢回憶，春憶、夏憶、秋憶、冬憶……人到老年仍有很多回憶，是人生的一種美感。

相對於現代年輕人，流行不戀不愛、不婚不生。那麼，在人生旅途中，最重要的一門功課不修，愛的路上千山獨行，情字版圖上完全空白，豈不連獅象虎等都不如，牠們有很多愛的回憶，年輕人，你呢？

生命我懂了

讓愛傳出去

文與圖／尤俠

美是愛的風景
慈悲是愛的容貌
眞善美是愛的展現與延伸
愛創造世界
愛也成就世界
珍惜祂、提起祂、顯發祂
然後，成爲祂

## 小結

古來感動人的詩章還是情愛二字，「春花秋月何時了，往事知多少？」「林花謝了春紅，太怱怱！」「無言獨上西樓，月如鉤。」（李後主）。情字這條路上有深愛，筆下的流水落花、靜庭小樓，信手而作，便是真景物、真感情，便有境界。

人生怎能沒有愛沒有情？何況中國自古以來的詩學傳統，就是抒情觀。中國人的抒情觀有豐富的內涵，抒發什麼樣的情感，喜怒哀樂、幽思悲憤，都是「真於性情、發乎自然」，乃中國詩學重要審美標準。如本文所舉幾首「談情說愛」詩，是否也讓你動情共鳴？

給現代不戀不愛的年輕人們一個秘訣，「愛」其實很簡單，只要有「心」有腳走出去（行動），必然可以得到愛。「**愛創造世界／愛也成就世界／珍惜祂、提起祂、顯發祂／然後，成爲祂**」。人到世間走一回，有愛才是人生，只要有愛，人生就不算「白做工」。

## 註釋

①「歌詞算是文學嗎？」「民謠搖滾算是詩嗎？」始終有爭議。但二〇一六年十月十三日，諾貝爾委員會宣布本屆文學獎得主，是美國民搖吉他歌手鮑伯・狄倫（Bob Dylan），也可以說歌也是詩。何況，余光中在《焚鶴人》說：「搖滾樂也是一種詩。」詳見當時國內外報導。

②曾美霞，〈單戀VS相愛〉，《秋水詩刊》第一六三期（台北：秋水詩刊社，二〇一五年五月），頁九九－一〇〇。

③曾美霞，〈放開〉，《秋水特刊》第一六一期（台北：秋水特刊社，二〇一四年十月），頁九四。

④曾美霞，〈分手要互相祝福〉，《秋水詩刊》第一六二期（台北：秋水特刊社，二〇一五年元月），頁一一〇。

⑤曾美霞，〈秋憶〉，《山動了》（台北：文史哲出版社，二〇〇三年十一月），頁九八－九九。

# 第十四章　人生飄盪・未完待續・給妳眞情

好的詩除了必須是「詩」，有詩的境界，也要有「哲學思想」的高度，所謂「思想性」是詩意涵的重要成分。嚴格說來，不是詩的思想意識，而是詩人的思想意識，因為主體性還在詩人本身。

詩評家蕭蕭在研究《龍族詩社》說過，龍族詩人（林煥章、辛牧、喬林、蘇紹連等），在一九七一年後有重要影響力，他們的影響不是來自他們的作品。而是來自他們的骨氣，他們承認自己是中國的族人。（註①）林煥彰也自述自己成長痕跡說，在《葡萄園》萌芽，在《笠詩刊》成長，以《龍族》表現民族意識。（註②）要表現何種民族意識？不外是「中華民族之民族精神」或「中國人的民族精神」也就是民族主義，這就有了思想性的高度。

雖然蕭蕭說，龍族的影響不是來自他們的作品，而在人的思想意識。但中國幾千年詩學傳說，一向主張「人品」和「詩品」是合一的，人品即詩品，詩品即人品，二者須與不可割離（西方文學思想可）。是故，詩人以作品表現思想意識，詩人為主體，詩是客體，主客合一、物我合一，思想性的高度就更高了。

曾美霞的現代詩雖大多在詩寫有情眾生情愫，部份亦上昇到人生哲學的思想性思考，體現她在思想意識上的高度和深廣。凡此，沒有敏銳的觀察力難以捕捉並淨化成一首有思想性的詩，如這首〈飄盪〉可謂她洞察眾生，所發現的宇宙實相。（註③）

萬物之靈在三度空間沈浮
失去重心　前後上下左右飄盪

於母體中漂懸　不由自主的
在搖籃裡　被慈愛的手輕輕推送

小學生把鞦韆盪到半空中
以為伸手就可以摘到星星

抓得到公車吊環的年紀
像遊魂從學校飄盪到補習班

戀愛季節百花盛開
心思游移在玫瑰與百合之間

良禽擇木為了找尋棲身的梧桐
換跑道是必要的飄盪

枯葉離枝後　不知所止
只能隨著秋風飄盪

當傲骨成灰灑向大海
落幕後依然身不由己

## 依然　飄盪

這首詩可以有兩層思想高度解讀。首先是人生實相，到底人生實相為何？當然有各種派別說法，例如浪漫主義和存在主義不同詮釋，其他就更多了。但至少要各家有所共識或多數共識，便是「無常」，大家順口所述的人生無常，西方哲學家也常比喻說，江河裡這一秒的流水和下一秒就不一樣。人生實相亦是，永遠處在變動中，不停的變動、飄盪……要飄盪到何時？

〈飄盪〉的第一段，不光是人生實相，也是宇宙實相。「**萬物之靈在三度空間沈浮／失去重心　前後上下左右飄盪**」，這裡吾人要把視野放在深太空中，眾生在地球上，以及所有恆星、行星和各種天體，都在空中飄盪，四周盡是無邊無際之太空。人類即如是，永遠在空間裡沈浮飄盪，「失去重心」表示很難定下來，或難以控制方向。

第二段開始，把人生從母體裡的胎兒、誕生、成長到死亡，分成七個階段，每個階段都在飄盪，差別只在為不同的事和不同的地方飄盪，但依然是飄盪。惟死亡後的飄盪要從佛法思想解釋才有意義。

人死後要「飄盪」到何處？向來是古今各宗教論說之顯學。第二層思想唯有從佛法解釋往生後的飄盪，生命才有價值。「當傲骨成灰灑向大海／落幕後依然身不由己／依然　飄盪」，這便是佛法所述「六道輪迴」，眾生都在六道中飄盪，六道就是所謂三千大世界，吾等這期生命結束，隨「業力」轉世受生。是故，生命的實相就如《心經》所說不生不滅、不增不減，佛光山慧開法師稱「生命是一種連續函數」。（註④）三世（前世、今生、來世）生命都隨「業」飄盪，永不止息，人生何時能有片刻安定？何處安身立命？《金剛經》云：「過去心不可得，現在心不可得，未來心不可得。」即是說，過去的執著無用，現在的正在變化中難以控制，未來的充滿變數。所以，人要活在當下，把握當下。一直在飄盪，要如何把握？

伯勞西去雁東來，李白桃紅歲歲開；
萬事無過隨分好，人生何用苦安排。

這是清代笠庵大成禪師的詩偈。（註⑤）人生何用苦安排！何必把握。許多人年輕時做了一堆「生涯規畫」，老師也講得口沫橫飛，經過幾十年的人生驗證，規畫皆落空，許多成就是意外因緣促成。

〈飄盪〉一詩寫出了人生真相、宇宙實相，人生各階段在飄盪，太空星體都在飄盪。人必須從變動飄盪的空間，尋求心靈的安定，讓身心都能得到安頓。〈未完待續〉一詩，也讓讀者感覺，不論城市或生命，總是「未完待續」，生命一期接一期展演著。（註⑥）

城市的喧譁隨著夕陽西下而退卻
白晝的煙塵在落日中逐漸沉寂

餘暉微弱的光影穿不進薄紗窗簾
又不甘就此離去
幽怨的流連　依依難捨

在晝夜交會的凌亂迷濛中
日光與日光燈接力掌管了大地
公寓頂樓角落　蝸居的面孔茫然
都會的晨昏歲月不全然亮麗光鮮

違建的窗格子吸納了絢爛彩霞
也止不住流瀉出悲歡交響曲

一處居所足以安置性靈
期待生命找到出口　展翅
沒有人知道命運會在哪裡彎轉

暮色帶來黑夜　星光看起來更亮
站得更高更容易找到屬於自己的星座
指引著飛向那總會揭曉的　未知
車流漸稀　燈火闌珊
城市的故事未完待續

現代城市是工業革命後，現代文明的必然趨勢。世間最黑暗和最光明同聚一城市，大富豪和赤貧者在同城的相鄰兩區，最大的事業和最卑微的工作靠都市得以促成，最大的罪惡（黑幫毒品）和最神聖的事（德雷莎修女的事業等）同在街頭成長……城市，是眾生的大舞台，我們在城市完成自我實現。一切善和一切惡，都同時以城市為溫牀，實現、壯大，生生不息！

「在晝夜交會的凌亂迷濛中／日光與日光燈接力掌管了大地」。但別以為日光掌管的大地，光天化日下全是光明的；日光燈掌管的黑夜，黯黑的午夜也不全然都是黑暗的。

眾生為求生存，求發展、安頓，「一處居所足以安置性靈／期待生命找到出口　展翅／沒有人知道命運會在哪裡彎轉」，生命終究還是無常，但生命自己會找到出口，通向未來、未知的出口。城市的故事一如人的故事，今生今世未完待續，三世輪迴是永恆的未完待續。

眾生也都在城市浮沈，要活得清楚明白很不容易，「公寓頂樓角落　蝸居的面孔茫然」，都在找尋出口或不知道有出口，蝸居的面孔清楚，蝸居的心靈很茫然。但人生其實那麼簡單，以真面目，給人一點真情，唯有真感情讓人和作品昇華。賞讀〈肩膀的邀請〉。（註⑦）

女孩
月亮升起的時候
在區間車座位上
妳的青春因為考試的追逼而暗沈
無邪的眼睛疲憊的闔上
我的肩膀可不可以邀請妳來依靠

女郎
太陽就要墜向西山
在刻著妳和他名字的苦楝樹下
妳的花容因為等不到他來而失色
脂粉掩不住哀傷與沮喪
我的肩膀有沒有榮幸邀請妳來依靠

女士
陰鬱滯悶的清晨及午後
在公園步道停放的輪椅中
妳的臉上佈滿歲月的痕跡
無助孤寂已經淡化且定格成茫然
我的肩膀能不能邀請妳來依靠

我們行走人間道，每天出門「飄盪」在大街小巷。你看見多少無邪疲憊的青春靈魂？多少沮喪失色的花容？多少坐在輪椅上茫然的眼神？……你還看到什麼？滿街狼犬或是行屍走肉？在現代社會人人不安與疏離的感染，人離開自己的窩後，對一切不是趨向無感就是過敏。

詩人怎能如是！過敏易於失真，無感就是無情。世間唯有真感情能出感人好詩，〈肩膀的邀請〉請妳來依靠，妳未必來，但詩人已散發出真情，真情是所有藝術創作者之生命靈魂。

## 小結

讀了這麼多曾美霞的詩作，織夢尋愛、兩性辯證、酗詩解癮、人生修煉、假相真相……思想哲學等，除了欣賞詩藝，解析詩觀，還有什麼是所有這些作品的「共通特質」？有，是謂真於情性，發乎

張國榮渾身散
發巨星風采。
圖／資料照片
人間福報・一〇七・五月四日・七版

自然的真感情。

真感情，乃一切藝術創作的靈魂生命。中國歷代詩評家強調「千古文章，傳真不傳偽」「詩可數年不作，不可一作不真」，各類藝術創作（電影、音樂、繪畫等），亦如是，都要散發真情，唯有真情能成為經典，能感動眾生，能驚天地而不朽。

二〇〇三年四月一日，影壇巨星張國榮，從香港中環東方文華酒店二十四樓平台縱身而下，結束四十六歲生命。十四年來，懷念他的人，在全球各處鋪天蓋地而起，每年四月一日已是「一歲一哭榮」慶典熱潮。（註⑧）文化藝文界探討其原因，除了他出類拔萃的明星魅力，主要是他投入真感情在演戲，在《胭脂扣》、《縱橫四海》、《倩女幽魂》、《阿飛正傳》、《霸王別姬》、《英雄本色》或「跨越九七演唱會」等，他不是在「演戲」，而是展露他的本性、真情。

十四年來，「張國榮」似乎成為一個有機體，在肉身消滅之後，這股跨時空的精神力量，依然獨立「活」在人世間，不斷吸引著「新教徒」，形成更大的有機體，成為時代的傳奇，在時光中愈沉澱愈光亮。

凡真性情，必源自人的自然本性。你會責怪一隻撲向光點的飛蛾嗎？你不會，因為那是不由自主的天性。人類，也一樣。

人生在三世流轉飄盪，永遠有未完待續，任何人都難免有所困頓。女孩、女郎、女士，詩人以她的真情，有她的肩膀讓妳依靠，人間有溫暖！

## 註釋

①蕭蕭，《現代詩縱橫觀》（台北：文史哲出版社，民國八十九年二月），頁二二一。

②同註①書，頁二三一。

③曾美霞，〈飄盪〉，《秋水特刊》第一六八期（台北：秋水詩刊社，二〇一六年七月），頁九三。

④釋慧開，《生命是一種連續函數》（台北：香海文化事業有限公司，二〇一四年七月）。

⑤星雲大師，〈隨分自在〉，人間福報，二〇一五年三月九日。

⑥曾美霞，〈未完待續〉，《秋水詩刊》第一六八期（台北：秋水特刊社，二〇一六年七月），頁九三。

⑦曾美霞，〈肩膀的邀請〉，《秋水詩刊》第一六七期（台北：秋水詩刊社，二〇一六年四月），頁七六。

⑧人間福報，二〇一七年五月四日，七版。